OPEN SPACE

Laura André-Boyet
Avec la collaboration de Jean-Marie Godard

Open Space

Ma trajectoire spatiale

Fayard

Couverture : Le Petit Atelier
Photographie : © Novespace

ISBN : 978-2-213-72500-0
Dépôt légal : février 2025

Préface

En découvrant le parcours de Laura avec ses différentes expériences, j'ai voyagé avec curiosité et intérêt le long d'un itinéraire que je pensais bien connaître. J'y ai retrouvé plusieurs points communs, notamment notre enthousiasme partagé pour les activités spatiales et la complexité des enjeux qui y sont associés. Toutefois, je l'ai observé sous une perspective différente. L'astronaute, ce privilégié, qui a eu la chance de réaliser des missions spatiales en orbite, se présente sur l'estrade sous le regard acquis et admiratif de son public, ne dévoilant que les côtés positifs de son aventure. Il (ou elle) nous parle de ce sentiment de transcendance qui l'envahit en contemplant la beauté et la fragilité de la planète Terre dans son infini voyage dans le système solaire ; il (ou elle) nous fait vivre le plaisir magique de flotter sans poids dans un univers en trois dimensions ; il (ou elle) nous raconte la fierté de réaliser d'importantes expériences scientifiques à bord et de partager une convivialité multiculturelle dans la fraternité de l'équipage. Il survole souvent de façon trop rapide tout ce qui a précédé la réalisation du vol, il remercie trop vite celles et ceux sans qui rien de tout cela n'aurait été possible avec un tel succès. L'astronaute est dans la lumière, tandis que les « figures de l'ombre » restent en retrait. Quel plaisir que de pouvoir témoigner notre reconnaissance, et en particulier à Laura, qui soulève le voile du décor dans un généreux et instructif partage.

Elle offre au lecteur la possibilité d'entrer dans des coulisses peu connues : le travail d'équipe, avec l'immense responsabilité de chacun des membres dans la rigueur de la préparation et l'exigence de l'excellence. C'est, pour Laura, un chemin qu'elle a parcouru et maîtrisé en avançant à son tempo, rythmé par les rencontres, les opportunités saisies, les transformations du paysage. Et ce chemin est plein d'aventures et de défis propres à l'imprévisibilité du voyage. Je l'ai, moi aussi, vécu avec appétence et entrain : on y apprend des autres et on se découvre soi-même. Ce voyage devient intéressant pour elle et pour nous, lecteurs, car il combine un parcours captivant et une destination excitante, même si l'on comprend bien que cette dernière reste encore très ouverte. Laura l'exploratrice nous inspire étonnement et réflexions en livrant son expérience de terrain tout autant que ses convictions profondes. Laura l'instructrice nous éclaire sur les clés de la réussite d'une mission complexe. Laura la femme nous révèle avec humilité ses doutes, ses espoirs. Elle nous offre de belles leçons de vie pour avancer en confiance, alliant travail, persévérance et résilience.

Dans un environnement spatial, en particulier celui de la maîtrise du vol habité, nos références intellectuelles et pratiques sont encore souvent attachées au savoir-faire américain et russe (la Chine en est un acteur performant mais plus récent). Laura met en lumière les compétences développées par l'Europe dans cette coopération internationale où l'exigence de performance est majeure. Qu'il s'agisse de l'entraînement de base des astronautes européens, avec l'acquisition de diverses et larges connaissances théoriques ; du côté opérationnel des expériences scientifiques et technologiques, on constate la montée en puissance et en expertise de nos collègues européens et l'authentique reconnaissance de nos partenaires internationaux. Qu'il s'agisse de promouvoir la diversité et de nous initier à de nouvelles pratiques plus inclusives, Laura sait relever les points d'attention techniques, juridiques et éthiques : les vols paraboliques avec des passagers un peu particuliers, des profils différents souhaitant devenir des participants aux vols spatiaux… Qu'il s'agisse de la richesse qu'apporte la différence de genre, de compétences, de culture, de génération, à l'exercice de l'intelligence collective, Laura nous fait réaliser le chemin restant à parcourir. Qu'il s'agisse de la complexité des enjeux auxquels nous devons faire face, Laura, en ouvrant le champ des possibles et en décloisonnant les silos, nous donne envie de prendre de la distance, voire de prendre des chemins de traverse, et d'accueillir l'imprévu comme un inespéré. Et qu'il s'agisse de son parcours personnel plein d'improbable, on y constate un socle puissant de passion, de curiosité, de travail, d'engagement, de générosité et de confiance en la science et dans la nature humaine. Elle transmet, elle inspire, elle emprunte la voie de l'équilibre par son humanisme naturel, sa certitude en l'avenir, au cœur des transitions indispensables dans un monde en mutation accélérée, sans jamais renoncer à la préservation de nos biens communs si maltraités.

Je suis très admirative et respectueuse de ce parcours, ainsi que de son regard différent. Je salue le travail de pédagogie magnifique que Laura distille tout au long de son propos, pour nous faire découvrir les enjeux méconnus du spatial. Nos routes se sont croisées de temps à autres, non pas Laura instructrice et moi en préparation d'un vol, n'étant pas de la même génération, mais notre passion commune pour l'espace, ses enjeux et l'exploration habitée nous réunit en harmonie à de nombreuses occasions : dans des conférences grand public, dans des écoles, des universités ou dans des cercles spécialisés pour partager nos expériences auprès de l'armée de l'air et de l'espace, au sein de laquelle nous sommes toutes deux engagées par la réserve civile, auprès de la communauté scientifique des sciences de la vie ou auprès d'associations, pour apporter notre enthousiasme et notre engagement comme sources d'inspiration. Comme elle, je pense que l'avenir ne doit pas être façonné par nos peurs, mais par nos espoirs et nos aspirations. Et pour cela, merci à Laura de nous rappeler qu'il faut oser, définir un cap et savoir inventer sa route chemin faisant.

Claudie Haigneré

Prologue
L'Espace vu d'en bas

15 novembre 2021. Le missile, parti d'une base russe, sort de l'atmosphère terrestre en direction d'un ancien satellite soviétique. Il le percute et le détruit, générant d'un coup, sous l'effet de l'explosion, plus d'un millier de débris spatiaux. Les morceaux se répandent en orbite de façon anarchique autour de la Terre.

À bord de l'ISS[1], l'alerte est donnée. Les astronautes qui s'y trouvent sont contraints de se réfugier quelques heures dans les vaisseaux d'évacuation, dans le cas où cette myriade viendrait provoquer des dégâts. Les débris pourraient percuter le meccano géant qu'est

1. L'International Space Station, la Station spatiale internationale.

la station à la vitesse de 28 000 km/h – tel le scénario du film de science-fiction *Gravity*.

Rien de catastrophique ne s'est produit cette fois-ci. Les médias ont tout de même fait état de cet incident. Tout est rentré dans l'ordre depuis et la Station continue à accueillir en permanence des astronautes. Mais, depuis le sol, tels des contrôleurs de l'Espace à l'image de ceux du ciel, nous émettons régulièrement des « alertes débris ». Dans l'indifférence générale, elles sont transmises en direction de l'ISS, afin que sa trajectoire puisse être légèrement modifiée pour éviter une collision. Celles et ceux qui le font sont mes collègues qui travaillent dans l'ombre.

Profession : instructrice d'astronautes

Le livre que vous avez entre les mains n'est pas le fruit de ma propre initiative. Je n'ai jamais cherché à être sous les projecteurs. Mon travail et ma vie, en général, me laissent plutôt en coulisses, où je contribue à soutenir celles et ceux qui partent en expédition. J'exerce la fonction singulière, peu connue, d'*instructrice d'astronautes*. J'instruis et certifie les astronautes afin qu'ils puissent mener à bien des expériences scientifiques à bord de la Station spatiale internationale et être aptes à utiliser les équipements européens qui s'y trouvent. Ainsi, les astronautes européens, américains, russes, canadiens, japonais et tous ceux qui se rendent à bord de l'ISS sont formés, entre autres, dans « mon école ».

Mon « job » s'effectue en *backstage* loin des images de la Terre que les chaînes d'information diffusent en boucle lors des expéditions médiatiques. Mais j'ai également d'autres fonctions liées au spatial, dont celle d'*instructrice de vols paraboliques*. Ceux-ci permettent de recréer, à bord d'un Airbus A 310 spécialement aménagé pour cela, une quasi-impesanteur, ou une gravité partielle comparable à celle de la Lune ou de la planète Mars[1]. Par ailleurs, ma carrière ne se limite pas uniquement à la formation : j'ai plusieurs autres activités que nous aborderons plus en détail ultérieurement.

L'idée de voir mon nom sur la couverture d'un livre m'inspire plus d'appréhension

1. La gravité est l'attraction entre deux objets. La pesanteur est engendrée par la force gravitationnelle.

que d'enthousiasme. Bien que j'aie fait l'objet de quelques articles et participé à des interventions médiatiques ces dernières années, notamment au travers de la carrière de Thomas Pesquet et ses deux missions, Proxima en 2016-2017 et Alpha en 2021, la perspective d'un ouvrage entier à mon nom représente un tout autre niveau d'exposition pour quelqu'un qui ne recherche pas particulièrement la notoriété.

Cependant, j'ai fini par me laisser convaincre de l'intérêt d'un tel projet. Un livre offrant une perspective inédite sur le domaine spatial, vu depuis les coulisses et la machinerie peu visible, pourrait apporter un éclairage nouveau et précieux. Cette opportunité me permettrait de partager mon parcours, les avancées auxquelles cette industrie contribue, ainsi que les expériences humaines extraordinaires qui ont jalonné mon chemin jusqu'à présent. Ce projet littéraire devient ainsi un moyen de transmettre non seulement des connaissances, mais aussi la passion et l'émerveillement qui animent ceux qui œuvrent dans l'ombre du secteur spatial.

Je n'étais pas prédestinée à exercer cette profession au sein de l'ESA[1], précisément au Centre européen des astronautes[2] à Cologne, en Allemagne. Je n'ai pas grandi dans une famille de scientifiques, plutôt de littéraires. Mon enfance et mon adolescence, je les ai passées à la campagne entre Lyon et Grenoble. Plus jeune, pendant les vacances scolaires, je faisais du cheval et je travaillais l'été comme caissière, dans des usines locales ou dans les champs. Des petits jobs « terre à terre » bien loin de l'Espace et des étoiles.

Au fur et à mesure de mon parcours, j'ai fait quelques détours et emprunté à l'inverse quelques chemins de traverse. Rien n'était prévu ni tracé. Je suis arrivée dans ce milieu par curiosité et par un heureux concours de circonstances, d'autant plus qu'enfant je n'ai jamais rêvé de l'Espace et toute son immensité. Au fil du temps, la découverte de ce domaine, ses métiers, ses enjeux colossaux, a fait que, au-delà d'une simple activité professionnelle,

---

1. L'European Space Agency, l'Agence spatiale européenne.
2. L'EAC, l'European Astronaut Centre.

ce travail est devenu une véritable affaire de cœur.

Une affaire de cœur au sein d'un secteur que j'adore mais que j'essaie autant que possible d'observer d'un œil critique. L'industrie du spatial habité est en pleine transformation et les mentalités ont un peu de mal à suivre : la culture commune et l'entre-soi peuvent devenir des freins dès qu'il s'agit d'adopter une pensée différente. Cependant, pour explorer de nouvelles voies, il est parfois nécessaire d'oser s'écarter du chemin tracé, de regarder les choses sous un autre angle et de poser des questions qui peuvent surprendre, voire déranger. Quitte à prendre des risques. Cela fait partie de ma personnalité, et ce que je considère aujourd'hui comme un atout m'a malheureusement valu quelques inimitiés : « tu n'es pas légitime », « tu poses beaucoup de questions », « tu te prends pour qui ? ». J'ai en effet toujours eu tendance à faire preuve d'esprit critique et à partager librement mes idées, sans jamais pour autant avoir eu envie de me mettre personnellement en avant. Je préfère la discrétion.

Une nouvelle ruée vers l'or ?

À l'heure où, dans le domaine environnemental, un parallèle peut être tracé entre les continents de plastique formés à la surface des océans et la pollution que constituent les millions de débris spatiaux qui orbitent autour de la Terre, l'expérience que je m'apprête à vous livrer n'est pas si absurde. Elle me paraît plutôt pertinente.

Les similitudes entre nos océans et l'espace extra-atmosphérique vont bien au-delà de la problématique de la pollution. Cette analogie invite à une réflexion plus large et décloisonnée sur ces deux domaines apparemment distincts. C'est dans cet esprit d'ouverture et de transversalité que j'ai suivi en 2021 une formation avec le Centre d'études stratégiques de la marine nationale (CESM)[1]. Cette coopération, dont je détaillerai plus loin la richesse et les apports, a marqué

1. https://www.energiesdelamer.eu/2024/01/23/interview-exclusive-du-contre-amiral-samuel-majou-directeur-du-centre-detudes-strategiques-de-la-marine-cesm/

une étape importante dans ma démarche d'exploration des liens entre les enjeux maritimes et spatiaux. Elle a également ouvert la voie à de nouvelles perspectives, m'amenant à envisager un rapprochement similaire avec l'armée de l'air et de l'espace. Cette approche multidisciplinaire, associant les domaines naval, spatial et aérien, s'inscrit dans une volonté de mieux appréhender les défis complexes et interconnectés auxquels nous sommes confrontés, tant dans l'exploration et l'exploitation des océans que dans celles de l'espace.

L'Espace fait rêver, c'est une certitude. Il est le sujet de centaines de livres, de films, de séries de science-fiction. Il inspire les artistes, les créateurs en tous genres. Il fait aussi aujourd'hui l'objet d'une course industrielle et commerciale qui semble un peu folle entre des « génies » multimilliardaires. Ces derniers sont prêts à développer les projets dépassant de nombreuses limites de l'imagination.

Car l'Espace regorge aussi d'enjeux diplomatiques, stratégiques, géopolitiques et militaires. N'oublions pas que sa conquête, au travers du « petit pas pour l'Homme et du grand pas pour l'humanité » – comme l'a dit Neil Armstrong lorsqu'il posa le pied sur la Lune le 21 juillet 1969 –, a commencé non pour des raisons scientifiques, mais dans le cadre d'une course à la domination du monde entre les États-Unis et l'URSS, en pleine guerre froide.

Depuis, outre un enjeu commercial et industriel, la proche banlieue de notre Terre – l'« orbite basse[1] » – est devenue tout autant un laboratoire qu'un espace de communication avec des milliers de satellites qui tournent au-dessus de nos têtes. Mais elle garde aussi sa dimension géopolitique : la création de l'ISS en 1998, achevée dans sa configuration actuelle en 2011, est avant tout le symbole d'une coopération pacifique et diplomatique internationale.

Du côté institutionnel, cinquante ans après les derniers pas des astronautes américains Eugene Cernan et Harrison Schmitt (mission Apollo 17) à la surface de notre satellite naturel, le programme Artemis[2] – dont l'objectif est de

1. On appelle « orbite terrestre basse » la zone orbitale située jusqu'à 2 000 km au-dessus de l'atmosphère terrestre. La plupart des satellites, ainsi que la Station spatiale internationale, s'y trouvent.

2. Programme de la NASA (National Aeronautics and Space Administration, l'Agence spatiale américaine) en partenariat avec le Canada, le Japon, et l'Europe.

ramener l'humain sur la Lune et d'y établir une base – est entré dans sa première phase. À plus long terme, à très long terme même, Mars, là encore, est également un objectif. Tout cela a un côté vertigineux, parfois indicible, dépassant tout ce que la conscience humaine est en mesure d'imaginer. Et cela va vite, toujours plus vite, sans qu'un cadre adapté vienne véritablement poser des règles communes, internationalement admises, au développement de toutes ces activités.

Alors, puisqu'on m'a persuadée que, depuis l'arrière-salle où j'opère, je pouvais avoir des choses intéressantes à raconter, à expliquer, je vous propose un autre voyage. Un voyage au cœur de la machine, notamment en immersion dans la formation des astronautes, pour observer ce que, derrière le rêve, ils sacrifient – leur santé, leur vie sociale, parfois leurs familles respectives. Un voyage pour faire découvrir la complexité et la rigueur des instructions, y compris celles qui conduisent à la certification d'instructeur d'astronautes.

Au travers de cet ouvrage, je souhaite vous montrer ce que la science dans l'Espace peut nous apporter sur Terre, dans le domaine médical, technologique, humanitaire… Plus qu'à un voyage, je veux vous inviter à vous poser et à observer le ciel d'un autre point de vue. Prendre conscience que, s'il est absolument vital pour l'humain de se projeter, nous avons l'impérieuse nécessité de réfléchir au sens que nous voulons donner à nos ambitions spatiales, si nous ne voulons pas que le rêve vire au cauchemar.

Et puisqu'il me semble essentiel de donner du sens, l'ambition de cet ouvrage est aussi de faire en sorte que vous regardiez de manière un peu différente les prochaines missions spatiales, dont vous suivrez le départ et les développements en direct sur vos écrans.

Si cela vous intéresse de soulever un coin du voile, alors suivez-moi.

Bienvenue à bord !

1

Astronautes : l'héroïsme au prix du sacrifice

Les astronautes, des héros modernes, des aventuriers de l'extrême, des nouveaux conquérants d'un univers infini. Vraiment ?

Loin des films de science-fiction, la réalité est plus « terre à terre », plus technique. La première chose à comprendre, c'est qu'un astronaute est avant tout une personne ordinaire. Lorsque vous ne le voyez pas sur grand écran, communiquant avec la Terre depuis l'ISS, il occupe un bureau et demande comme tout autre collègue 50 centimes pour la machine à café. Leur métier est atypique, extrême, mais les astronautes n'en restent pas moins des humains avec des besoins humains, propulsés dans un univers qui n'est pas du tout fait pour l'humain.

L'astronaute est donc une personne normale, en très bonne santé, à laquelle nous allons demander de se rendre, de vivre et de travailler dans un milieu hostile, dangereux pour sa vie. Nous allons exiger de lui de vieillir de manière précoce et de se retrouver – pour une durée idéalement transitoire – avec les symptômes d'affections que peut connaître une personne malade ou âgée… Nous y reviendrons plus tard. En résumé, là où vous voyez le côté héroïque chez un astronaute, je perçois dans mon travail le revers de la médaille : le sacrifice.

Il n'empêche : devenir astronaute est une perspective qui fait rêver. La sélection de 2022 pour le corps des astronautes de l'ESA a ainsi attiré 22 589 candidats, soit près de trois fois plus qu'en 2009. Seulement cinq ont été recrutés dans la promotion principale, dont les Français Sophie Adenot (corps des astronautes de carrière) et Arnaud Prost (corps des astronautes de réserve). À noter que, pour la première fois, les candidatures étaient ouvertes aux personnes en situation de handicap. Soixante ont déposé des dossiers, une a été recrutée dans la promotion principale, le brillant Britannique John McFall, sprinteur paralympique et chirurgien orthopédique.

Les conditions pour postuler étaient les suivantes : être citoyen d'un État membre de l'ESA[1], homme ou femme ; être au minimum diplômé d'un master scientifique (physique, sciences de la Terre, biologie, médecine, mathématiques, informatique) ou ingénieur ; avoir trois ans d'expérience professionnelle et parler couramment anglais ; posséder quelques aptitudes psychologiques et personnelles comme la capacité à garder son calme sous la pression et à se déplacer longuement loin de son domicile[2]. Bref, il faut avoir un bon niveau scientifique et/ou technique – on va demander aux astronautes de mener à bien des expériences à bord d'un laboratoire spatial – et savoir maîtriser ses émotions, agir avec calme :

---

1. L'ESA compte 22 pays membres : France, Allemagne, Grèce, Hongrie, Belgique, Espagne, Italie, Autriche, Finlande, Estonie, Danemark, Irlande, Luxembourg, Norvège, Pologne, Portugal, Roumanie, Suède, Royaume-Uni, Suisse, République tchèque, Pays-Bas.

2. Source : site du CNES et ministère de l'Enseignement supérieur et de la Recherche.

une mission dans l'Espace est dangereuse, les imprévus mettant la vie en danger ne sont pas à exclure, et cela peut durer plusieurs mois, sans compter les années de formation proprement dites souvent loin de chez soi.

Concernant le calendrier, dans le cadre de cette dernière campagne 2022, les candidats avaient jusqu'au 28 mai 2021 pour déposer leurs dossiers et la sélection s'achevait en octobre 2022. La promotion a été présentée un mois plus tard. Pour les heureux candidats retenus commence alors un long parcours de formation. Il y a donc peu d'élus et, à cette étape, l'accès à l'Espace est encore loin. Une précision liée au financement de l'Agence spatiale européenne : si tous les États membres ont l'obligation de contribuer au budget général de l'ESA (recherche, investissements, formation, etc.), plusieurs activités relèvent d'une contribution supplémentaire facultative, c'est le cas pour les vols habités. Tous les pays membres ne cotisent donc pas pour cette activité et cette donnée va jouer dans la nationalité des astronautes sélectionnés, même si celle-ci n'est pas écrite. Un candidat allemand, italien ou français aura ainsi plus de chances d'être choisi qu'un citoyen grec, même si tous remplissent exactement les mêmes conditions concernant l'aptitude physique ou les compétences.

Les sélectionnés, comme ceux de la promotion 2022, n'ont obtenu le titre d'astronaute que le 22 avril 2024 au terme de leur entraînement de base, le « *basic training* ». Et encore, il ne s'agit que de la première étape de leur longue formation qui va durer plusieurs années avant un éventuel décollage. À titre d'exemple, il s'est écoulé sept ans entre la nomination de Thomas Pesquet et sa première mission en novembre 2016, lorsqu'il a rejoint l'ISS à bord du Soyouz MS-03[1].

Le long et sinueux parcours des candidats-astronautes

Ainsi, les candidats-astronautes vont devoir changer de vie, quitter leur activité et déménager

1. Le Soyouz est le véhicule spatial russe permettant d'emmener des astronautes en orbite. Il desservait notamment la station Mir, puis encore aujourd'hui la Station spatiale internationale. Il a aujourd'hui un « concurrent » : la capsule Dragon de Space X, la société d'Elon Musk.

à Cologne pour se rapprocher de l'EAC, le Centre européen des astronautes. Ce centre va devenir leur « base » durant plusieurs années et parfois toute leur vie professionnelle.

La première phase d'entraînement s'appelle donc le « *basic training* ». À tous ceux qui veulent devenir astronautes ou ceux qui se réjouissent, de manière tout à fait légitime, de leur sélection, sachez que si vous pensiez en avoir fini avec l'école, vous risquez d'être déçus ! Car vous allez vous retrouver pendant presque deux ans dans une classe de six, à suivre des cours et à passer des examens.

Les candidats-astronautes qui ne parlent pas russe vont devoir apprendre à manier couramment cette langue. Il faudra aussi devenir pilote. Le « *basic training* » est en fait une mise à niveau générale très dense qui dure environ dix-huit mois. Pourquoi est-ce si long ? Parce que cet entraînement de base vise à homogénéiser les compétences théoriques. Nous formons les astronautes pour qu'ils aient le même niveau, le plus élevé possible, et les mêmes compétences générales. Sur la Station spatiale, nous sommes en terrain connu, très proche de la Terre. Nous n'avons pas besoin de constituer un « équipage fonctionnel ». C'est-à-dire que nous n'avons pas forcément besoin de recruter un médecin, un mécanicien, un cuisinier, bref des professionnels ayant des expertises précises de base, et de les préparer à partir dans l'Espace. Est-ce que ce sera toujours le cas ? Est-ce que demain nous pourrons nous contenter de ça ? Je n'en suis pas sûre. Très probablement parce que demain nous irons plus loin, plus longtemps, avec un accès diversifié à l'espace, lié notamment au développement commercial de ce secteur. De fait, cette expertise de métiers divers sera peut-être nécessaire.

Si l'Homme souhaite effectivement retourner sur la Lune et y établir une base, qui va la construire ? Qui assurera le suivi médical des astronautes à 384 000 km et avec un éventuel rapatriement d'urgence qui sera plus compliqué et plus long que sur l'ISS ? Ces questions se posent également si nous décidons un jour, en effet, de partir vers Mars. Il faudra donc soit modifier la formation de base des astronautes, élever leur niveau pour leur permettre d'acquérir un métier relevant de compétences particulières qu'ils ne connaissent pas, soit recruter des experts dans plusieurs domaines qu'il faudra préparer pour un départ.

Aujourd'hui, le contenu théorique du « *basic training* » est entre autres composé des thématiques suivantes : histoire du vol spatial ; principes fondamentaux des vols spatiaux ; opérations et procédures spatiales ; systèmes de la Station spatiale internationale ; sciences de la vie ; sciences des matériaux et des fluides ; observation de la Terre ; sciences de l'espace ; robotique ; comportement humain et performances.

Au niveau pratique, nous allons retrouver, comme mentionné précédemment, de la formation à la langue russe, au pilotage, à la communication, à la photographie, mais aussi des découvertes sensorielles dans le bassin de flottaison neutre (la piscine) ou dans l'avion parabolique. Joyeux programme saupoudré d'une bonne quantité d'entraînement physique et souvent propice à la camaraderie.

Une fois leur formation de base achevée avec succès, les candidats reçoivent officiellement le titre d'astronaute, sans encore pour autant être partis dans l'Espace. Ils vont alors entamer leur « entraînement spécialiste » ou « préaffectation ». Cette phase n'a pas de durée déterminée et prendra fin lorsqu'ils seront affectés sur une mission. En attendant, les astronautes vont principalement se former aux systèmes de la Station spatiale internationale, cette dernière étant, rappelons-le, le fruit d'un accord intergouvernemental entre les États-Unis, la Russie, le Canada, le Japon et onze pays européens, tous exploitant ensemble la Station. L'astronaute sait entre autres être un bon mécanicien, prêt à effectuer des réparations à bord. Cette phase est perpétuelle dans leur carrière, afin d'étayer et de maintenir leur niveau de compétences, une formation professionnelle continue en quelque sorte.

Arrive enfin l'affectation à une mission et l'entraînement pour la mener à bien. Les astronautes suivent alors un programme d'environ deux ans centré sur l'objectif à accomplir, c'est-à-dire le travail qu'ils devront effectuer à bord.

Durant toute cette période, les astronautes vont tourner entre les quatre centres d'entraînement d'astronautes qui existent dans le monde : l'EAC de Cologne en Allemagne, le Johnson Space Center de Houston aux États-Unis, la Cité des étoiles près de Moscou en

Russie, enfin le centre de la JAXA à Tsukuba, situé à 50 km de Tokyo au Japon.

S'il m'arrive d'intervenir dans le « *basic training* » ainsi que dans l'entraînement spécialiste, mon travail principal reste la phase d'entraînement spécifique à la mission. Très concrètement, je dois apprendre à celles et ceux qui vont partir pour l'ISS à utiliser les machines mises au point pour les programmes d'expériences scientifiques pour lesquels ils ont été sélectionnés. Parmi ces appareils, beaucoup n'existent tout simplement pas sur Terre et sont créés pour être utilisés dans un but très précis, parfois en absence de pesanteur.

Prenons une expérience en physiologie, pour laquelle il va falloir récupérer entre autres des échantillons d'urine prélevée sur vingt-quatre heures. Sur Terre, effectuer un recueil d'urine ne semble pas très compliqué. En impesanteur[1] et confiné à bord d'une station spatiale, c'est beaucoup plus complexe. Surtout, comment mesurer en fin de journée le volume exactement collecté ? Il va donc

1. Ce que l'on appelle plus communément apesanteur, c'est-à-dire sans force gravitationnelle.

falloir concevoir un sac suffisamment grand, que l'on peut clamper et isoler du reste de la Station ; réfléchir à des adaptateurs anatomiquement compatibles ; songer à un dispositif de prélèvement et enfin trouver un moyen simple de mesurer le volume. Le penser, le concevoir, et être capable de l'utiliser correctement deviennent de véritables défis. Par contre, cet outil n'aura *a priori* aucune utilité sur Terre, puisque prévu pour l'impesanteur. S'il y a à bord de la Station de très classiques clés de douze, certains appareils sont conçus spécifiquement pour intervenir sur les mécanismes d'une machine fonctionnant uniquement sur l'ISS.

Il faut penser cette donnée, ce contexte, en permanence, non seulement pour les expériences, mais également pour la vie à bord : l'absence de pesanteur. Prenons l'exemple du matériel nécessaire pour dormir à bord de l'ISS. On pourrait se dire qu'un équipement de camping ferait l'affaire : un duvet, un petit matelas et un oreiller. Or, matelas et oreiller se révèlent rapidement inutiles à bord, car les astronautes ne peuvent plus, une fois sans gravité, s'écraser sur un coussin ou sur un matelas moelleux. Les sacs de couchage spatiaux, eux, comportent, telles des gigoteuses pour adultes, deux trous pour laisser dépasser les bras tout en enveloppant les épaules et sont arrimés à la paroi. Il s'agit aussi d'une question de sécurité.

Voici donc le parcours du combattant pour devenir astronaute. Toutefois, devenir formatrice d'astronautes n'est pas une mince affaire non plus, comme l'atteste mon expérience.

PARTIE I

UNE ASCENSION INATTENDUE

2
Mes racines

Clinique Belledone de Saint-Martin-d'Hères. Je nais le mardi 25 mai 1982 dans cette petite commune de l'Isère attenante à Grenoble, à une heure trente de route de Beaurepaire où mes parents louaient à l'époque une petite maison. Signe peut-être annonciateur d'un parcours un peu erratique et hors des sentiers battus, ma vie, ce jour-là, a commencé par une réanimation. Je n'ai pas eu ce réflexe instinctif de respirer en quittant le ventre de ma mère. Ou alors était-ce le présage d'une vie professionnelle aux côtés de celles et ceux dont le métier est d'être plongés au cœur d'un monde hostile, où l'oxygène n'existe pas ?

J'ai grandi à la campagne avec mes parents – un père juriste dans l'immobilier, une mère professeure de lettres –, ma petite sœur Nelly, née en 1985, et notre nourrice. À sa naissance, nous avons déménagé dans le village de Primarette, à une douzaine de kilomètres de Beaurepaire. Mes univers étaient au nombre de trois : tout d'abord la maison familiale avec son verger et son potager. Un cadre familial plutôt strict la semaine, mais avec toujours plein de dîners et de fêtes le week-end, et surtout un maximum de jeux complètement délirants avec ma sœur. Ensuite le chalet-ferme de ma nounou avec les bêtes au coteau et un terrain de jeu immense dans la nature. Enfin l'école vers laquelle j'allais à pied depuis chez ma nounou, parfois accompagnée de mon amie Aurélie, amitié qui a largement contribué à la douceur de mes jeunes années. J'ai eu une superbe enfance avec un entourage familial, amical et scolaire sain et éducatif, le tout dans un environnement campagnard, encore aujourd'hui vierge de pollution lumineuse et où l'on peut admirer un ciel étoilé à la nuit tombée.

J'étais alors en pleine nature, proche des animaux : beaucoup de bovins et de chevaux autour de nous, car c'est aussi une région d'élevage. D'ailleurs, non loin de la maison se trouvait une station des haras d'Annecy où les juments étaient inséminées et où on pouvait apercevoir au printemps des poulains nouveau-nés. Une vie paisible, certes, mais enrichie par les différents apprentissages liés à l'entretien de la maison, du potager et du verger. Il fallait comprendre le rythme des saisons pour ne pas rater une récolte, puisque nos légumes venaient quasi exclusivement de notre propre potager. Bref, une science, au même titre que la médecine. Nelly et moi cuisinions aussi souvent et je mesure aujourd'hui l'importance capitale qu'a pu avoir cette éducation familiale pour mon avenir.

Une enfance en quête de sens

Côté scolaire, après la maternelle et l'école primaire, j'ai intégré le collège privé catholique Luzy-Dufeillant de Beaurepaire. Ma mère y enseignait le français et les arts plastiques.

Rester à Beaurepaire, y avoir sa vie professionnelle après son CAPES[1], était un choix, celui de pouvoir être à proximité de ses propres parents malades.

Ma grand-mère maternelle, alors qu'elle n'avait pas 60 ans, était en effet devenue hémiplégique à cause d'une erreur médicale consécutive à des soins postopératoires, après une intervention chirurgicale pour lui retirer une tumeur bénigne au cerveau. Cet accident de la vie avait fini par plonger mon grand-père, grand et bel homme, consacrant l'essentiel de son temps au corps local de sapeurs-pompiers volontaires qu'il commandait, dans une forme de dépression. Nous allions rendre visite très régulièrement aux grands-parents – au moins deux fois par semaine, ma mère en faisant une obligation morale. Et je garde un souvenir ému de ma grand-mère Marcelle, brillante, d'une force de caractère incroyable et coquette malgré ses neuf trépanations. Je suis née le jour des 60 ans de mon grand-père Jean et j'aime croire que nous avions une connexion particulière grâce à cet anniversaire commun.

1. Certificat d'aptitude au professorat de l'enseignement du second degré.

Du côté paternel, je n'ai jamais connu mon grand-père Eugène, décédé peu après ma naissance. Je voyais plus rarement ma grand-mère Andrée qui, malade, vivait assez coupée du monde. Ce contexte médical très présent m'a durablement marquée et a sans doute influencé mes choix futurs, même inconsciemment.

J'ai aussi pratiqué beaucoup d'activités sportives pendant mon enfance et mon adolescence : ski – nous étions tout de même en Isère –, tennis, danse, natation, équitation… Et si ma mère aurait adoré que je devienne une championne dans plusieurs de ces disciplines, j'avais, moi, un intérêt très limité pour la compétition. Plus que la compétition, l'idée de la rivalité me donnait des boutons.

Donner du sens et en trouver a toujours été essentiel pour moi. Cependant, cela m'a parfois fait défaut dans mon parcours scolaire : j'avais du mal à saisir précisément ce que l'on attendait de moi à travers les programmes, les cours et les exercices. À l'école primaire comme au collège, j'étais une bonne élève, souvent parmi les meilleurs de ma classe. Pourtant, je me souviens de m'être ennuyée parfois, faisant mes devoirs à la hâte et ne révisant jamais vraiment… Je n'étais pas très « scolaire », même si j'appréciais beaucoup d'apprendre. J'étais une enfant disciplinée mais je m'interrogeais beaucoup sur la finalité de l'école. À quoi pouvait-elle véritablement bien me servir ? À cette époque de ma vie, comme aujourd'hui, je n'ai jamais eu de problèmes avec les règles, mais je peinais à comprendre leur logique. J'éprouvais le besoin de questionner, d'explorer, d'aller au-delà des limites du cadre pour découvrir ce qui se cachait de l'autre côté.

Je n'ai pas aimé la période du collège pour cette raison, et aussi parce que j'avais du mal à m'intégrer aux autres. Pour être moins modérée, j'étais souvent rejetée et parfois harcelée. J'avais sauté une classe à l'école primaire, j'avais donc au moins un an de moins que mes camarades, et j'étais sûrement un peu moins mature sur le plan émotionnel qu'eux. Je me sentais différente, y compris sur le plan physique : malgré mon année d'avance, j'étais grande pour mon âge. Enfin, ma mère enseignait dans le même établissement, ce qui n'est pas une chose facile à ces âges. Le collège fut une période très difficile, étant confrontée à la solitude, la dureté, la cruauté même de certains et surtout certaines.

« Atypique » est le mot qui me vient spontanément à l'esprit en repensant à ces années-là. J'étais différente, un peu immature socialement, intellectuellement vive, mais peu encline aux révisions ou à toute forme de bachotage. Ce qui me passionnait alors, c'était bien plus la nature, la musique et l'équitation – mes échappatoires durant cette période un peu pesante.

En dehors du collège, je découvrais également le monde du travail. Dès l'âge de 14 ans, j'ai enchaîné les petits boulots. Je pense que mes parents me poussaient à avoir très tôt dans la vie un rapport au travail, à la valeur des choses. Mon père, issu d'une famille honorable mais plus que modeste, a pu, grâce aux bourses d'État, mener des études de droit. Il a donc naturellement toujours eu un rapport très fort à la valeur du labeur, à la nécessité de « gagner sa vie » et d'assumer la responsabilité de faire vivre sa famille. En résumé, travailler pour soi tout en étant au service d'un intérêt collectif.

Dans ce contexte, mon arrivée au lycée polyvalent Hector-Berlioz de La Côte-Saint-André, situé à une trentaine de kilomètres de chez moi, a été une véritable libération. Je changeais de décor, quittais mon canton d'origine, grâce aux deux heures aller et retour quotidiennes en autocar. Sortant du cocon familial, j'entamais une nouvelle vie sociale au contact d'élèves que je ne connaissais pas. Au lycée, les différences d'âge s'effaçaient peu à peu. Désormais, je n'étais plus « la première de la classe » ou « la fille de prof » ; je privilégiais avant tout ma vie sociale et mes amitiés, bien réelles cette fois.

Malgré les années qui passaient, un point restait inchangé : je ne comprenais toujours pas vraiment ce que mes professeurs, les filières, et plus largement le système éducatif attendaient de moi. Ce n'était pas une question de discipline ou de manque de motivation, plutôt un besoin d'explications afin d'être rassurée. J'avais aussi du mal à comprendre qui décidait des programmes qui allaient définir nos vies et pourquoi tout devait se jouer à 15 ans.

Je ne séchais jamais les cours, mais je remettais tout en question, allant jusqu'à m'adresser à certains enseignants avec une familiarité qui pouvait sembler impertinente. Passer des heures chaque jour dans une salle de classe, entourée des mêmes camarades et des mêmes professeurs, avait fini par me donner l'impression que cet univers ressemblait un peu à une famille et que mes professeurs étaient, d'une certaine manière, les mentors de mon éducation. À mes yeux, cela plaçait mes enseignants sur un pied d'égalité, ce qu'ils prenaient généralement avec humour, heureusement. Même si j'étais d'un naturel discret, je n'établissais que peu de distance dans mes échanges avec eux.

En matière de vie sociale, ce lycée fourmillait d'activités et de clubs extrascolaires : musique, danse, théâtre… Je m'y plaisais tellement que je souhaitais devenir interne. Cela ne s'est pas fait. Sans doute parce que mes parents, parfaitement conscients que j'étais en train de grandir, que ma maturité émotionnelle évoluait et que les garçons commençaient à m'intéresser, préféraient me voir rentrer chaque soir.

J'ai suivi une scolarité classique, avec une première scientifique option économique et sociale, anglais et allemand, le tout non par goût, mais parce que mon but était, comme beaucoup de camarades, de repousser ces choix d'orientation le plus tard possible en gardant le plus de portes ouvertes. J'ai finalement décroché un bac scientifique de justesse, un peu désœuvrée à la fin de ma terminale.

Des petits boulots formateurs

Chaque emploi que j'ai occupé m'a beaucoup intéressée, car ils m'ont tous permis de plonger dans des univers nouveaux et d'apprendre des choses concrètes, loin de la simple théorie.

J'ai ainsi accumulé de solides compétences en tant que caissière de supermarché, sans oublier mon passage marquant chez Integris (appelée ARES à l'époque), un fabricant de gilets pare-balles et de structures blindées, installé juste en face de la maison de mon enfance. L'été, je faisais aussi de l'intérim dans des usines agro-alimentaires : dix heures par jour à zéro degré, plongée dans la viande crue pour préparer saucisses et brochettes à l'approche de la saison des barbecues. J'ai également travaillé dans l'atmosphère suffocante et sucrée d'une biscuiterie industrielle et sur une chaîne de production d'équipements automobiles.

Ces expériences m'ont captivée, d'abord pour l'aspect humain : la distinction entre ceux qui s'épanouissent dans leur travail, y trouvant des objectifs et une motivation, et ceux qui le subissent. J'ai également découvert les différences de fonctionnement entre les chaînes de production et l'organisation spécifique qui en découle : les barquettes et boîtes pour l'alimentaire, le travail minutieux de finition, ou encore le caractère fragmenté de l'automobile, où l'on installe un gicleur avant qu'un autre employé ne monte le pare-brise, puis que la pièce avance sur le tapis vers le suivant pour un assemblage supplémentaire. Qu'il s'agisse de fermer un paquet, de fixer deux tubes, ou d'appuyer sur un bouton, ce sont des gestes répétés jour après jour, semaine après semaine.

J'ai également travaillé comme secrétaire médicale, j'ai donné des cours particuliers en mathématiques et en physique, et fait du baby-sitting, bien sûr. Autant de domaines très variés qui ont chacun, à leur manière, enrichi mes compétences et élargi mes horizons.

Mon adolescence a donc été davantage marquée par le travail que par la scolarité, car il me paraissait concret et porteur de sens, contrairement aux attentes scolaires, souvent floues à mes yeux. Mais une fois le bac en poche, quel chemin prendre ? L'équitation me passionnait vraiment et l'idée de transformer cette passion en métier, d'en faire mon activité principale, m'attirait sincèrement. Cependant, mon père m'a dissuadée : selon lui, il serait plus sage pour mon avenir de viser une profession offrant un salaire fixe et stable. Convaincu de mes capacités intellectuelles, il pensait qu'elles me permettraient d'aller plus loin dans les études supérieures.

Détours et chemins de traverse

Plusieurs domaines scientifiques m'intéressaient mais le contexte médical familial et mon admiration pour les professions de santé ont fait que la médecine m'apparut comme une évidence et un objectif ouvrant de nombreuses perspectives.

J'ai quitté le cocon familial et les retours quotidiens chez mes parents pour m'installer dans une chambre étudiante à Grenoble, prête à entamer ma première année de premier cycle en études médicales (PCEM1) à la faculté de médecine. J'étais peut-être trop jeune, à peine 17 ans, sortie de la famille et du cadre scolaire, livrée à moi-même sans avoir forcément anticipé les conséquences de cette liberté. Et puis j'ai été assommée, dégoûtée même, par le bachotage intensif et exclusivement théorique que constituait la P1. Pour moi, qui étais en permanence à la recherche de sens, ingurgiter des pages et des pages de matières, dont certaines ne me serviraient plus jamais, dans l'unique but de recracher mécaniquement ce savoir appris par cœur et d'être en mesure de réussir des multitudes de QCM[1], tenait de l'absurde.

Un dialogue du film *Hippocrate*[2] me vient à l'esprit à ce sujet.

« Quelle est la différence entre un étudiant en prépa littéraire et un étudiant en prépa médecine ? Si vous demandez aux deux d'apprendre par cœur le bottin téléphonique,

1. Questionnaires à choix multiples.
2. Réalisé par Thomas Lilti, 2014.

le premier vous demandera “pourquoi ?”, le second “pour quand ?” »

C’est exactement ça. Voilà qui résumait parfaitement l’état d’esprit dans lequel je me trouvais : à quoi tout cela pouvait-il servir ?

Rien ne m’avait préparée à cette expérience, ni la cellule d’orientation ni la constitution du dossier d’inscription. Je me suis sentie balancée seule dans une arène ou larguée à côté d’un train qui vient juste de partir et après lequel il faut courir de plus en plus vite pour tenter d’y monter.

J’ai redoublé, sachant que c’était ma dernière chance : en cas d’échec cette seconde fois, la voie de la médecine se refermerait définitivement. J’ai donc abordé cette année avec l’expérience de la première. J’avais accepté ce que l’on attendait de moi, bien que je trouvasse toujours ce système absurde, et j’ai décidé de redoubler, aussi, d’efforts. Je voulais à tout prix éviter de décevoir mes parents, qui m’aidaient à payer mon loyer et les à-côtés. Moi qui détestais réviser, je me suis inscrite à des cours de préparation intensifs. Pourtant, une fois de plus, je me suis sentie submergée par les piles de copies, les QCM interminables, et les quantités de données à assimiler. Et à nouveau, ce fut l'échec. J'éprouvais un immense embarras face à mes parents, dépités et déçus. J'avais l'impression qu'ils se sacrifiaient pour mes études tandis que je ne parvenais pas à être à la hauteur de leurs attentes. Ce fut un véritable choc. Ils décidèrent alors d'« arrêter les frais » et me suggérèrent de me réorienter vers un cursus universitaire classique.

À Grenoble, le booster collectif

C'est ainsi que j'ai intégré une formation de sciences de la vie et physiologie pour deux ans à l'université Joseph-Fourier de Grenoble. Sans objectif d'orientation défini mais dans le but d'avoir un premier diplôme d'études universitaires générales et de faire profil bas. Je me rappelle avoir pris toutes les options possibles et imaginables pour « avoir le choix » et me désengluer du sentiment de honte que je ressentais.

Avec ma sœur qui entamait également des études supérieures, nous vivions ensemble dans un appartement à Grenoble, dont nous rendions les clés chaque été pour retourner chez nos parents. Ce fut une période merveilleuse, riche en nouvelles rencontres, en amitiés sincères et en franches rigolades.

J'ai obtenu, cette fois sans difficulté, mon DEUG en sciences de la vie et physiologie. Pourtant, je ne savais toujours pas quelle direction prendre. L'enseignement, la recherche ? Encore trop théoriques et pas assez concrets pour moi. Lors d'un forum des métiers, je me suis donc intéressée aux stands des écoles d'ingénieurs et en particulier à celui de l'école polytechnique de Grenoble. Le dépliant que Catherine B. m'a tendu, intitulé *Devenir femme ingénieure* et que j'ai précieusement conservé, a littéralement changé le cours de ma vie.

L'école offrait une aubaine inespérée : grâce à un partenariat avec la faculté de médecine, il devenait possible de reprendre des études médicales par le biais d'une passerelle après le cursus d'ingénieur. Une aubaine, autant pour moi que pour mon amie Laure, elle aussi intéressée par ce programme. Le problème ? Nous avions dépassé d'un mois la date limite pour déposer nos dossiers. Déterminée à ne pas abandonner, j'ai réussi à obtenir un rendez-vous avec le directeur, à qui j'ai exposé mon parcours et l'importance cruciale que cette admission représentait pour nous. Et il a fait une exception ! Nos préinscriptions ont été acceptées. J'ai gardé le tout secret vis-à-vis de ma famille : je préférais attendre de voir où cela me mènerait avant de leur en parler, de peur de les décevoir encore.

L'admission se faisait principalement sur concours, destinée aux étudiants sortant de classe préparatoire, mais l'école réservait une poignée de places aux élèves venant de l'université, comme moi. C'est ainsi que j'ai pu intégrer cette école pour y suivre un cursus d'ingénieur spécialisé en technologie de l'information pour la santé – et mon amie Laure a également été admise !

Je me suis retrouvée dans une classe de vingt étudiants, entourée de camarades avec un niveau très avancé en sciences dures, mais, malgré nos différences, nous formions une véritable communauté basée sur l'entraide. Cette classe était un kaléidoscope de profils : matheux, techniciens, informaticiens, étudiants aux compétences médicales, regroupant des équipes en fonction des apprentissages et des matières au programme. L'apport unique de chacun, le soutien mutuel et la progression collective pour atteindre le niveau exigé étaient les moteurs de cette cohésion. Pour la première fois, l'école prenait un sens qui me plaisait énormément.

Je travaillais, ou plutôt, nous travaillions énormément. Il y avait les cours, mais aussi, à l'extérieur, les préparations de projets par groupes chez les uns ou les autres, ainsi que les stages au CHU[1]. Le rythme était intense et la vie sociale se construisait à l'intérieur de cet univers au sein duquel je me sentais bien. Dans cette dynamique, même les matières qui ne m'intéressaient pas particulièrement, la rigueur de certains professeurs et les difficultés que je pouvais rencontrer prenaient un sens nouveau : à un certain niveau, c'est difficile d'être bon dans tout (sauf pour les astronautes !), l'important est de connaître ses forces et ses faiblesses et de collectivement s'organiser pour relever le défi.

À la fin de ma première année, comme à l'accoutumée, ma sœur et moi retournions

1. Centre hospitalier universitaire.

à Primarette pour l'été. Ces quelques mois avaient été rythmés par mon travail et les moments passés en compagnie d'un petit ami rencontré au début de la saison estivale. Le ciel s'était éclairci, les obstacles paraissaient dissipés, et un profond sentiment de bien-être m'habitait.

3

D'est en ouest

Malheureusement, ce compagnon allait être victime d'un très grave accident domestique, entraînant plusieurs mois d'hospitalisation et, au final, un lourd handicap. Cet événement tragique a profondément perturbé ma deuxième année d'école d'ingénieur. Bien que nous ayons été en train de nous séparer juste avant cet accident, je ne pouvais pas l'abandonner dans de telles circonstances. J'ai donc dû adapter mon emploi du temps, voyageant chaque week-end en train de Grenoble à Besançon, où il était hospitalisé, avant de faire le trajet inverse le lundi matin pour reprendre mes études.

Cependant, durant cette période, j'ai pu compter sur le soutien de ma famille, de mon école et de certains amis. En revanche, j'ai perdu d'autres personnes qui ne comprenaient pas ma décision et me le reprochaient : « Tu es complètement folle, tu es en train de ruiner ta vie. »

Après un an, ce compagnon allait un peu « mieux ». J'ai alors pris la décision de m'écouter et de partir, de prendre mes distances tant au sens figuré qu'au sens propre : j'avais besoin de poursuivre ma propre route et de changer d'air. Je me suis confiée au bureau des relations internationales de l'école polytechnique, où deux personnes étaient bien au courant de ma situation et savaient à quel point cette année avait été difficile, tant sur le plan organisationnel que psychologique. J'ai demandé à partir le plus loin possible, à couper les ponts. J'avais fait mon devoir.

Mettre les voiles

J'ai rempli plusieurs dossiers dans l'espoir d'obtenir une bourse d'études à l'étranger, combinant études et expérience professionnelle. En 2005, deux bourses étaient disponibles pour partir au Japon, en collaboration avec un laboratoire scientifique à Tsukuba.

J'ai réussi à en obtenir une et, trois semaines plus tard, je quittais la France pour l'empire du Soleil-Levant. Ce n'était pas que le Japon me passionnait particulièrement, mais c'était l'occasion de partir loin, et elle s'était présentée à ce moment-là.

J'ai souvent la sensation que ma vie entière semble suivre cette logique : sans stratégie prédéfinie ni plan établi, comme si les choses se mettaient en place d'elles-mêmes et que ma seule véritable décision soit de dire « oui » ou « non ». Mes parents, restés proches et d'un soutien infaillible durant cette année éprouvante, ont compris mon besoin profond de partir et m'ont pleinement soutenue dans cette décision de m'en aller loin.

Je suis arrivée au Japon sans rien connaître du pays ni de ses coutumes. On est venu me chercher à l'aéroport, direction une résidence universitaire de six étages où j'intégrais une petite chambre de 7 m^2, sans rideaux ni volets à la fenêtre, avec pour mobilier un lit et un bureau antisismiques, une chaise et un petit lavabo avec un robinet sans eau chaude. Dans les parties communes de cette résidence exclusivement féminine, il y avait deux douches payantes au sous-sol et, selon l'étage, soit une petite cuisine sans réfrigérateur avec deux brûleurs à gaz, soit deux toilettes. J'ai alors pris pleinement conscience du luxe auquel j'avais été habituée toute ma vie. L'ambiance dans le bâtiment, cependant, était excellente, et mes voisines de palier – deux Ouzbèkes, une Thaïlandaise et deux Chinoises – se sont révélées très sympathiques. J'ai passé trois jours à m'installer et à améliorer l'espace, récupérant ici et là du mobilier dans les encombrants pour rendre la chambre un peu plus confortable.

Mon intégration s'est déroulée avec succès. Je travaillais au Nagasaki Laboratory, la « Nagalabo », sous la direction du professeur Yukio Nagasaki – qui m'a gratifiée de sa grande et chaleureuse bienveillance – qui menait des expériences dans le domaine des biomatériaux et plus précisément sur la médiation des médicaments. J'étais « l'Européenne », reconnaissable à mes cheveux blonds, ce qui m'accordait une certaine indulgence concernant les codes sociaux. Il me fallait du temps pour assimiler les règles de la bienséance japonaise : apprendre à saluer en choisissant le degré d'inclinaison approprié selon l'interlocuteur, à s'asseoir, à manger correctement. Mais cette tolérance avait ses limites. La rigueur de la culture japonaise et l'importance des rites hiérarchiques structurant la société imposaient que je maîtrise rapidement ces règles, et, en quelques semaines, j'y suis à peu près parvenue.

Mon expérience au Japon a été des plus enrichissantes, marquée par un fort esprit communautaire. Le travail occupait une grande partie de mon temps, mais j'ai aussi eu l'occasion de voyager un peu et de me faire des amis pour la vie. L'un d'entre eux est d'ailleurs venu me voir en France en 2024. Il m'avait demandé, quelques mois avant de venir, des conseils pour postuler à la JAXA, l'Agence spatiale japonaise, où un poste était à pourvoir. Et il se trouve qu'il l'a obtenu. Il souhaitait donc me remercier, pensant que j'y étais pour quelque chose, ce qui n'était pas le cas.

Au cours de son séjour en France, il m'a rappelé une chose qui m'était totalement sortie de l'esprit. Quand j'étais au Japon, personne ne parlait anglais ou français, pas plus que je ne comprenais le japonais. Et pourtant, nous n'avons eu, durant tous ces mois, aucune difficulté à communiquer, comme si le travail scientifique en commun, cette matière qui nous passionnait, avait son propre langage universel. Il y a, je pense, une universalité dans la science propre à faire tomber la barrière de la langue.

Ce séjour au Japon en 2005, le choc culturel, la rusticité de mon logement, l'éloignement de mes proches et les difficultés de communication ont transformé cette expérience en un défi que j'ai adoré relever. Cette rupture presque totale avec mon quotidien m'était nécessaire et m'a été bénéfique.

Cap sur le Canada

Avant de partir, j'avais déposé des dossiers pour plusieurs bourses et destinations, notamment une pour la Polytechnique Montréal, avec qui mon école de Grenoble avait un partenariat. Un jour, alors que j'étais toujours au Japon, mon père m'a appelée pour m'annoncer qu'une lettre était arrivée : j'étais acceptée à Montréal, avec une bourse en prime. Au retour de Tsukuba, après une brève escale de quarante-huit heures en France – juste le temps d'échanger mes vêtements légers contre des pulls, une parka et des bottes, et de voir famille et amis –, je repartais déjà vers une nouvelle aventure.

Mon arrivée à Montréal m'a beaucoup surprise. Comme au Japon, je débarquais seule, mais cette fois sans pouvoir compter sur la bienveillance ou l'effet de mon « exotisme ». Fini le temps de la petite Européenne choyée et protégée à Tsukuba ! Ici, l'accueil s'est révélé assez froid. Les Québécois, que j'imaginais très chaleureux, semblaient un peu moins ouverts face aux Français arrivant pour étudier ou travailler. Après réflexion, je pouvais comprendre : j'intégrais directement la dernière année d'une école réputée avec une bourse et des frais de scolarité très réduits, de quoi, peut-être, susciter des réactions empreintes de jalousie. Cela m'a blessée et a rendu mon intégration au sein de la communauté québécoise compliquée, sauf rares exceptions. Finalement, j'ai trouvé mes repères dans la communauté anglophone de Montréal, où ma vie sociale s'est concentrée. C'est aussi là que j'ai rencontré Christopher, mon nouveau compagnon, qui étudiait et travaillait dans le cinéma.

À mon arrivée à Montréal, j'ai pu compter sur l'accueil d'Olivier, un ami de longue date, qui m'a hébergée le temps que je rejoigne ma colocation proche de l'école. Grâce à lui, j'ai découvert le cercle de la haute société montréalaise, le « gratin » du coin. Par l'intermédiaire d'une de ses connaissances, Olivier a réussi à me faire admettre dans un réseau social très sélect. J'ai alors participé à des soirées dans des lieux prestigieux, des bars et des restaurants privatisés, où j'ai noué des amitiés et des relations professionnelles en dehors de mon champ d'études, m'ouvrant ainsi de nouveaux horizons.

Je me sentais cependant tiraillée par des sentiments opposés, entre fascination pour ce milieu et une appréhension intense, consciente que je n'en faisais pas naturellement partie. J'étais très inquiète que cela se remarque. Trouver des tenues suffisamment élégantes pour ces soirées relevait du défi et j'économisais parfois pendant des semaines pour pouvoir apporter une bouteille de grand cru et me conformer aux attentes de ce cercle. Je prenais l'habitude d'arriver parmi les derniers et de partir discrètement avant tout le monde, m'imprégnant des conversations tout en restant en retrait, pétrie d'imposture.

Sur le plan des études, le niveau était exigeant et j'avais l'impression d'être plongée dans le grand bain. Contrairement à Grenoble et au Japon, il n'y avait pas de réelle dynamique collective : l'autonomie totale était de rigueur et je devais gérer mes projets en solitaire. Malgré tout, j'ai su m'adapter, et, au final, je m'en suis plutôt bien sortie.

Au terme de cette année scolaire canadienne, Christopher, mon compagnon, venait d'être accepté dans un programme prestigieux et m'a demandé si je souhaitais prolonger notre séjour ensemble d'une année supplémentaire. Après mûre réflexion, j'ai trouvé que ce n'était pas une mauvaise idée. Une courte recherche d'emploi a suffi pour qu'une belle occasion se présente chez Siemens Santé au Québec. Il ne me restait qu'à accomplir mon dernier stage de six mois, rédiger mon mémoire de fin d'études et décrocher mon diplôme avant de rempiler sur une année.

Prendre cette décision signifiait repousser mes projets en France et mettre en attente mon envie de reprendre des études de médecine. Cependant, cette prolongation temporaire au Québec s'annonçait prometteuse, d'autant que j'allais débuter dans un poste intéressant, à l'interface entre technologie et médecine, un domaine qui me stimulait énormément.

Le CNES par curiosité

Mes parents ont accepté ce nouvel élan qui impliquait de ne pas rentrer immédiatement en France, tout en me suggérant de tout de même faire mon stage de fin d'études près d'eux. J'ai ainsi trouvé un poste de stagiaire au Centre hospitalier universitaire de Lyon-Est, à Bron, pour contribuer au développement technologique de l'établissement. L'idée était ensuite de rejoindre Siemens à Montréal. La voie semblait tracée et claire.

Simultanément, j'ai appris que plusieurs de mes amis avaient postulé, dans le cadre de leur stage, auprès du département de physiologie spatiale du Centre national des études spatiales (CNES), à Toulouse, interface entre la médecine, la physiologie et l'ingénierie, le tout au service des vols spatiaux habités. Néanmoins, ils n'avaient obtenu aucune réponse. En toute franchise, je ne comprenais pas cet intérêt pour une opportunité aussi mystérieuse à mes yeux. Le domaine spatial m'était totalement étranger et ne m'attirait pas du tout.

Christopher m'a cependant encouragée à déposer ma candidature. Quelques jours plus tard, je recevais un mail du CNES, signé par Thierry B. D. et Alain M., respectivement directeur du Centre d'aide au développement des activités en micropesanteur et des opérations spatiales (CADMOS) et chef de l'équipe de l'Institut de médecine et de physiologie spatiale (MEDES). Les deux souhaitaient me rencontrer pour un entretien en visioconférence. Lors de cet échange, ils m'ont présenté le poste et ses missions. Au sein du CNES, le CADMOS se charge de préparer et de suivre les expériences de physiologie en micropesanteur, principalement réalisées aujourd'hui sur la Station spatiale internationale (ISS). Quant au MEDES, il se consacre à l'étude des effets des séjours prolongés en impesanteur sur le corps humain, afin de développer des applications bénéfiques pour la santé ici sur Terre.

J'ai joué la carte de la transparence, en leur expliquant que j'avais déjà accepté un stage et des projets en cours, même si le poste proposé suscitait de plus en plus mon intérêt. De leur côté, ils semblaient convaincus par mon profil et m'ont demandé une réponse sous quarante-huit heures. Christopher était très content de me suivre à Toulouse pour quelques mois, mes parents étaient une fois de plus surpris mais compréhensifs. J'ai donc annulé mon stage au CHU de Lyon, suis rentrée en France pour un passage éclair chez mes parents, le temps de refaire mes valises, avant de prendre la route pour la Ville rose.

L'Espace

Ainsi, j'ai commencé mon stage au CADMOS du CNES, où j'ai découvert une communauté scientifique très sympathique, un peu « en orbite » par rapport au monde extérieur. Cela se comprend, étant donné que leur activité est centrée sur une industrie quelque peu « extra-terrestre ». J'ai rencontré des personnes heureuses et accueillantes, toutes unies par une passion commune. Elles étaient capables de consacrer jusqu'à quatorze heures par jour à leurs projets et expériences et semblaient ravies de le faire ! Nous partagions tous nos repas au célèbre restaurant du CNES et prenions ensemble notre café le matin préparé par Nadine, notre secrétaire de choc. C'était un petit monde, extrêmement agréable, presque comme un club.

Pendant six mois, j'ai travaillé sur l'expérience SOLO, qui visait à étudier la rétention de sodium en apesanteur et son impact potentiel sur la résorption osseuse subie par les astronautes durant leurs missions. Cette question est cruciale, car l'absence de pesanteur, comme c'est le cas sur la Station spatiale internationale, fragilise les os, dont les cellules sont normalement stimulées par les efforts liés à notre poids sur Terre. Sur l'ISS, cette contrainte disparaît presque complètement. La physiologie humaine, qui est une merveilleuse machine, est conçue pour fonctionner en permanence sous l'effet de la gravité terrestre. En son absence, tout le système se dérègle, y compris notre squelette et le renouvellement cellulaire des os qui le composent. (Je reviendrai d'ailleurs sur les conséquences générales d'un voyage dans l'espace sur le corps humain.) Pour réaliser cette expérience SOLO, il fallait précisément organiser un protocole expérimental de prélèvement urinaire et de sang veineux et capillaire réalisable dans l'Espace. C'était du MacGyver spatial, bricoler des techniques, trouver des idées, des solutions, ce qui me stimulait et m'amusait beaucoup. J'adorais.

Ma vie personnelle, en revanche, était redevenue un peu compliquée. Christopher avait du mal à s'intégrer, à s'occuper, et se sentait très isolé. Pour subvenir correctement à nos besoins, j'ai donc décidé de reprendre un emploi en parallèle de mon stage. J'ai décroché un job dans l'événementiel, qui variait entre l'organisation de grands événements et des activités plus modestes, comme l'animation d'ateliers de fromagerie ou des promotions pour des packs d'eau minérale dans les supermarchés. Mon stage étant à plein temps, je n'avais pas une minute à moi et j'effectuais ces missions pendant mes week-ends, parfois le soir, tout en redoutant de croiser des collègues du CNES faisant leurs courses.

Un congrès déterminant

Été 2007. La fin de mon stage se rapprochait et je n'avais plus du tout envie de retourner au Canada. Ce retour m'inspirait une certaine tristesse, d'autant plus que ma vie avait évolué et que les choses n'allaient pas bien avec Christopher, qui était, lui, déjà reparti. Malgré tout, je me disais qu'il n'était pas question de changer mes plans à nouveau, surtout avec un emploi qui m'attendait au Québec.

C'est à ce moment-là que j'ai reçu un courriel de la Fédération internationale d'astronautique, m'invitant à postuler pour un concours international des étudiants. Ce concours se déroulait en parallèle de son cinquante-huitième congrès international, qui avait lieu en septembre cette année-là à Hyderabad, en Inde, avec pour thème général « Touching Humanity : Space for Improving Quality of Life[1] ». Chaque pays disposant d'une agence spatiale pouvait sélectionner un étudiant pour le représenter lors de cet événement.

J'étais chargée de rédiger un abstract, c'est-à-dire un résumé, et, si ma proposition était retenue, de préparer une publication ainsi qu'une présentation à délivrer sur place. Cependant, mon superviseur de stage au CADMOS ne

1. L'Espace au service de l'amélioration de la vie humaine.

partageait pas mon enthousiasme. Selon lui, avec seulement six mois d'expérience dans le domaine, je n'étais pas légitime, surtout en comparaison avec d'autres qui avaient plusieurs années de travail sur des projets directement liés à la médecine spatiale ou aux vols habités. Quant à mes collègues, ils avaient du mal à comprendre mon intérêt pour cet exercice, d'autant plus que cela ne correspondait pas à mes aspirations professionnelles futures.

Malgré les réticences de mon entourage professionnel, j'ai décidé de saisir cette chance, étant éligible en tant qu'étudiante stagiaire au CNES. Ma motivation était principalement liée à la découverte d'une nouvelle expérience et à l'intérêt que je portais à l'exercice en lui-même, plutôt qu'à la perspective d'un gain quelconque. Mon objectif était simplement d'acquérir une compétence supplémentaire, même si celle-ci ne devait pas nécessairement s'avérer utile dans mon parcours futur. Contre toute attente, le CNES au niveau national m'a choisie pour le représenter à ce concours. Cette décision n'a pas été sans susciter quelques hésitations de la part de la direction parisienne, qui a réalisé que je n'appartenais pas au cercle habituel des candidats et que je pourrais ne pas être entièrement à la hauteur de l'exercice. Déterminée à relever ce défi, j'ai consacré beaucoup d'efforts à la préparation de mon sujet. Avant mon départ pour l'Inde, j'ai bénéficié de la relecture attentive de mes collègues de Toulouse et de Paris, afin de peaufiner mon travail.

C'était ma première participation à un congrès international d'envergure. L'élite mondiale de l'astronautique s'y était donné rendez-vous : astronautes, ministres de la Recherche, directeurs d'agences spatiales, chercheurs du MIT et de Harvard, ainsi que des industriels de renom. Du 24 au 28 septembre 2007, je naviguais seule entre les différentes salles, assistant aux multiples conférences qui se déroulaient lors de cette intense semaine.

Malgré ma sélection, je me sentais détachée de toute pression. Mon expérience s'apparentait à celle vécue lors des soirées huppées à Montréal : j'avais l'impression d'être en marge, hors du champ de la compétition. Mon unique objectif était de réussir l'exercice qui m'avait été confié et de tirer le meilleur parti de cet environnement exceptionnel.

Le protocole habituel de présentation impliquait un conférencier statique derrière un pupitre, dans une vaste salle, face à un auditoire et un jury en tribune. La norme voulait que le présentateur demande à un technicien en régie de faire défiler les diapositives accompagnant son exposé. Trouvant ce format trop rigide et potentiellement ennuyeux, j'ai sollicité l'autorisation d'adopter une approche plus dynamique. Équipée d'un micro-cravate et d'une télécommande pour gérer moi-même la projection, j'ai transformé ma présentation en une sorte de « *stand-up* ». Sans vraiment réaliser que je bousculais les codes, j'ai abordé cet exercice avec sérénité. Pour moi, il s'agissait avant tout d'une aventure enrichissante, d'une expérience supplémentaire à vivre pleinement, sans pression particulière. De plus, par naïveté et peut-être par maladresse, j'ai conçu et délivré ma présentation comme si je m'adressais à un public novice en la matière, ignorant le niveau d'expertise de mon auditoire. Cette approche non conventionnelle, bien que risquée dans un contexte aussi formel, reflétait ma volonté d'insuffler de la fraîcheur et de l'originalité dans ma présentation, tout en restant fidèle à ma personnalité et à mon style de communication.

Une fois ma présentation achevée, je considérais ma mission accomplie et envisageais de profiter de mon séjour pour explorer le Rajasthan avant mon retour en France. Cependant, mes plans furent bouleversés par un appel imprévu du président du jury, Rachid A., qui s'enquérait de ma présence au gala de remise des prix prévu le 27 septembre au soir.

Initialement, je n'avais pas prévu d'y assister, notamment en raison du coût élevé de la participation. Toutefois, face à l'insistance de Rachid A., je compris que ma présence était vivement souhaitée pour une raison particulière : j'avais remporté la médaille d'or.

Cette nouvelle me laissa stupéfaite. L'idée même d'avoir décroché cette distinction me semblait surréaliste, presque incongrue. Je peinais à réaliser la portée de cet accomplissement inattendu, qui contrastait fortement avec mon approche décontractée de l'événement.

La cérémonie de remise des prix s'est déroulée comme dans un rêve éveillé. Même si j'étais physiquement présente, mon esprit semblait flotter dans une brume intérieure, créant une sensation de détachement inouïe. Les détails de cet instant crucial – ma tenue, l'identité du ministre indien venu me féliciter – se sont évanouis dans les méandres de ma mémoire, comme effacés par l'intensité de l'expérience.

Plus tard, Rachid A. m'expliqua que ma présentation avait été particulièrement appréciée pour sa clarté et son accessibilité. J'avais réussi à rendre un sujet complexe compréhensible même pour des non-spécialistes, intéressant ainsi mon auditoire. Cette capacité à vulgariser et à stimuler l'attention s'avérerait être un atout précieux pour la suite de ma carrière.

Après avoir repris mes esprits, j'ai appelé mon responsable de stage à Toulouse pour l'informer. Je pense sincèrement qu'il ne m'a pas crue : « Très drôle ! Sinon, ça se passe bien ? Tu rentres quand ? » Mes parents, eux, m'ont juste répondu : « Ça ne nous étonne même pas. » Ça m'a rendue très heureuse même si je n'ai pas compris leur phrase.

Une pause nécessaire ?

De retour à Primarette après la fin de mon stage, je me trouvais dans un état d'esprit mitigé. Un sentiment de vide m'envahissait, mêlé à une certaine appréhension à l'idée de retourner au Canada. Cependant, je n'avais pas encore pleinement réalisé l'impact de la récompense que j'avais obtenue. C'est alors que les offres d'emploi ont commencé à affluer, témoignant d'un changement significatif dans ma situation professionnelle. Ce sont mes parents qui m'ont aidée à prendre conscience de l'importance de ce tournant. Ils m'ont fait remarquer : « Ce qui se passe est très sérieux. Tu vas avoir des perspectives qu'il faut considérer avec attention. » Leurs paroles m'ont amenée à reconsidérer ma situation sous un nouvel angle.

J'avais reçu plusieurs offres d'emploi dans l'industrie spatiale à travers l'Europe[1]. Parallèlement, ma candidature antérieure pour un poste à durée déterminée d'attachée scientifique à l'ambassade de France au Japon avait été retenue.

Néanmoins, cette succession rapide d'événements et de choix à faire m'a plongée dans un état de confusion et de panique. Confrontée à cette avalanche d'options et sentant que je

1. https://www.industrie-emploi.fr/

perdais le contrôle de ma trajectoire, j'ai pris une décision radicale : tout mettre en pause. J'ai ressenti le besoin impérieux de prendre du recul, de respirer et de réfléchir posément à mon avenir. Cette parenthèse s'est imposée comme une nécessité pour reprendre les rênes de mon parcours professionnel et évaluer sereinement mes options.

Je suis retournée à la terre, à la campagne, dans la maison familiale, avec l'intention d'atterrir pendant au moins deux mois, sans prendre de décisions. Mon ami Denis m'avait offert un petit boulot de serveuse-livreuse dans sa cafétéria située à l'entrée de l'autoroute A7. Pour beaucoup autour de moi, ce choix semblait incompréhensible : on pensait que j'étais en train de « gâcher ma vie », et ce n'était pas la première fois que j'entendais cette phrase. Au lieu de me précipiter vers toutes ces possibilités très classe, je livrais des plateaux-repas et me recentrais sur une vie simple et sereine, proche de ma famille. Je crois aussi que j'avais surtout très peur d'emprunter un chemin que je pourrais regretter. Puis, un jour, MEDES – l'Institut de médecine et de physiologie spatiales – a reçu officiellement les résultats du concours par écrit. Je crois que mon directeur de stage n'y croyait pas avant de lire le document officiel. Peu de temps après, la direction de l'institut m'a appelée pour me proposer un poste.

La pause que je m'étais imposée s'est avérée salutaire. Lorsque l'institut m'a contactée, j'ai ressenti un déclic. En réalité, c'était précisément ce que j'attendais. Les six mois passés au CNES à travailler sur le projet SOLO m'avaient profondément marquée : l'atmosphère stimulante, la quête constante de solutions innovantes, tout cela correspondait parfaitement à mes aspirations.

J'ai alors pris une décision déterminante : abandonner mes projets au Québec et à l'ambassade au Japon pour retourner à Toulouse. Ce choix marquait le véritable début de ma carrière professionnelle, celle que je désirais et celle dans laquelle je me sentais si précocement un peu utile : consacrer mes compétences en physiologie au domaine spatial et aux vols habités. Cette décision représentait un tournant décisif, alignant enfin mes ambitions personnelles avec mes expériences passées au CNES.

4
Instructrice d'astronautes : un poste exigeant

7 février 2008. Après deux reports de lancement et quatre ans de retard à la suite de l'explosion de *Columbia*[1], la navette américaine *Atlantis* décolle pour la mission STS-122, avec à son bord, comme charge utile[2], un cylindre

1. La navette américaine *Columbia* a été détruite en rentrant dans l'atmosphère lors de son retour sur Terre le 1er février 2003 à l'issue de la mission STS-107. Elle effectuait sa 28e mission depuis 1981. L'accident a causé la mort des sept astronautes qui se trouvaient à bord. Il a donné le coup d'arrêt du programme de développement des navettes spatiales américaines de ce type. Totalement stoppés durant plus de deux ans, les vols ont repris pour finir l'assemblage de l'ISS, mais ont cessé en 2011, après le retour de l'ultime mission d'*Atlantis* le 21 juillet.

2. Dans le domaine spatial, la charge utile désigne la partie essentielle d'un satellite ou d'un engin spatial

de près de 7 m de long et 5 de diamètre. Volume de l'objet : 75 m^3. Poids : 10,2 tonnes à vide, 21 en charge, c'est-à-dire avec ses équipements. À 19 h 45 GMT[1], *Atlantis* arrache ses 2 051 tonnes du centre spatial Kennedy, à Cap Canaveral, et s'élève dans le ciel de Floride.

Sept astronautes se trouvent à bord : les Américains Alain G. Dexter, Stephen N. Frick, Leland D. Melvin, Stanley G. Love et Rex J. Walheim, l'Allemand Hans Schlegel et le Français Léopold Eyharts pour l'Agence spatiale européenne. Leur mission est capitale. « Fer de lance de la recherche, le laboratoire Columbus est la pierre angulaire de la contribution de l'Europe à l'ISS », détaille l'ESA dans un communiqué publié le jour du lancement.

Ce laboratoire de haute technologie va permettre à des astronautes d'utiliser de nouveaux équipements scientifiques et de mener des expériences en dehors de la contrainte de la gravité terrestre. De multiples domaines sont concernés, allant notamment

---

qui remplit la mission spécifique pour laquelle il a été conçu.

1. Greenwich Mean Time, Temps universel.

de la physique des fluides aux sciences des matériaux, en passant par mes domaines de prédilection : sciences de la vie, physiologie et biologie humaines, comme l'explique encore l'Agence spatiale européenne. Elle souligne par ailleurs qu'avec l'installation de Columbus sur l'ISS, elle deviendra « également responsable de l'exploitation et de l'utilisation » de la Station et « sera donc admise à faire voler ses propres astronautes pour des missions de longue durée en leur qualité de membre de l'équipage résident de l'ISS, dans des proportions correspondant à l'investissement consenti par l'Europe pour cette installation internationale ».

Autrement dit, le lancement d'*Atlantis* ce jour-là déterminait la suite de ma carrière. Un échec de la mission, et c'était la fin de notre travail, dont le mien. Car, quelques heures après l'amarrage de Columbus à l'ISS, les opérations européennes devaient y commencer.

L'Agence

En 2008, je suis employée par l'Institut de médecine spatiale en CDI, entièrement détachée au CNES. Malgré mon arrivée récente, je me retrouve propulsée au premier plan pour préparer les opérations de la première expérience physiologique à bord de Columbus. Je travaille aux côtés du neuroscientifique Gilles Clément[1], une collaboration qui me mènera par la suite à prendre la responsabilité de cette expérience et d'autres.

Les expérimentations à bord de l'ISS sont menées par les astronautes en mission. Leur rôle est donc double à bord : ils doivent non seulement se former à l'utilisation des équipements spécifiques, mais aussi se préparer à maîtriser l'ensemble des systèmes de la Station spatiale internationale, leur lieu de vie pour plusieurs mois, voire une année.

En 2009, l'Agence spatiale européenne lance une nouvelle sélection pour le corps des

1. Auteur, avec Millard F. Reschke, de *Neurosciences in Space*, Springer, 2008.

astronautes européens (la première date de 1978, trois ans après la création de l'ESA). L'appel à candidatures attire du monde : 8 413 personnes déposent un dossier. Seules six iront au bout de l'aventure : les Italiens Samantha Cristoforetti et Luca Parmitano, l'Anglais Timothy Peak, l'Allemand Alexander Gerst, le Danois Andreas Mogensen, et enfin le Français Thomas Pesquet.

La formation des astronautes est un processus multidimensionnel et rigoureux, allant bien au-delà des aspects purement techniques liés à l'utilisation de l'ISS et des équipements scientifiques. Le programme de formation de base, qui dure environ un an, couvre un large éventail de compétences essentielles.

L'ESA sollicite chacun de ses pays membres, dont la France, pour fournir des spécialistes capables de devenir instructeurs. Ce rôle exige non seulement une expertise technique, mais aussi d'excellentes aptitudes pédagogiques, une grande capacité d'apprentissage – y compris dans des domaines parfois éloignés de leur spécialité initiale – et la faculté d'analyser et de synthétiser des informations complexes pour les transformer en cours accessibles.

Après avoir été sélectionnée pour participer au « *basic training* » en 2009 afin de donner des cours d'anatomie et de physiologie, j'apprends que l'EAC lance une sélection pour recruter un nouvel instructeur d'astronautes. Je décide de me lancer, même si j'ai beaucoup à perdre : un travail qui me plaît, des collègues que j'apprécie, une vie toulousaine très agréable. Je suis finalement retenue et embauchée par Lufthansa Aviation Training GmbH (anciennement Lufthansa Flight Training). Je suis dès lors détachée par la compagnie aérienne allemande comme instructrice auprès de l'EAC.

Il n'existe pas de formation académique pour devenir instructrice d'astronautes. Il n'existe pas non plus d'études spécifiques postbac pour devenir astronaute. C'est le Centre européen des astronautes qui nous forme au métier d'instructeur et nous délivre le diplôme de « *crew instructor* » mais surtout les certifications et compétences nécessaires pour pouvoir exercer nos fonctions. Par ailleurs, il n'y a pas besoin d'être astronaute soi-même pour devenir un instructeur. Nous leur transmettons, avec mes collègues, les connaissances et capacités indispensables pour vivre et survivre à bord de l'ISS, ainsi que pour assurer la maintenance des différents systèmes de leur futur environnement de travail et de vie. Nous les préparons également à utiliser tous les instruments spécialement conçus pour réaliser les expérimentations scientifiques avec succès.

Créer un cours pour astronautes

Comment s'élabore un cours en vue d'une expérience réalisée dans l'Espace ? Comment se déroule sa certification, sans oublier celle de l'instructeur ? Tout comme le voyage spatial est loin d'être une simple excursion, la préparation de la mission est tout sauf anecdotique. Un astronaute en partance pour l'ISS doit devenir un expert polyvalent, maîtrisant un éventail complexe et étendu de compétences. La vie, la survie à bord, l'entretien du véhicule – à la fois laboratoire et lieu de vie – et l'ensemble des aspects scientifiques et techniques de la mission, tout cela nécessite un apprentissage rigoureux. Un véritable cahier des charges est élaboré avec précision ici sur Terre, des mois en amont de la mission.

La Station spatiale internationale est le fruit d'une initiative diplomatique et géopolitique internationale, conçue comme un acte de paix et de coopération entre les nations au service de l'humanité. Cela implique que les progrès scientifiques issus des expériences menées à bord de l'ISS doivent être accessibles à tous. Ainsi, en théorie, tout un chacun – scientifiques, industriels, citoyens – peut proposer un projet d'expérience à une agence spatiale. Si cette proposition est approuvée et présente un intérêt pour le bien commun, les données en résultant demeureront la propriété intellectuelle de l'investigateur principal pendant une année seulement, puis rejoindront le domaine public, permettant à chacun d'en bénéficier.

Avant d'arriver au résultat final, le chemin est long et minutieux. Chaque étape est indispensable et tout doit être exécuté avec une précision absolue. Dans ce cadre, mon rôle consiste à recevoir sur mon bureau toute la documentation brute qui, au final, servira à établir les conditions nécessaires pour mener l'expérience à bien. Cela implique de lire des centaines de pages, d'en saisir le contenu, d'en faire une synthèse, et, au terme de ce processus, d'élaborer un programme pédagogique spécifique. Ce programme devient un cours que j'enseigne ensuite aux astronautes, en leur transmettant tous les aspects théoriques, pratiques et les moindres détails techniques de l'expérimentation.

Les domaines dans lesquels il est possible de concevoir des expériences scientifiques spatiales sont multiples. Nous sollicitons idéalement l'expertise spécifique de chaque instructeur – dans mon cas, la physiologie. Cependant, il est indispensable pour chacun de nous de devenir compétent dans des domaines que nous ne maîtrisons pas nécessairement. Par exemple, j'ai dû me former à la lévitation acoustique, une technique permettant de suspendre et éventuellement déplacer de la matière en utilisant des ondes ultrasonores sans contact direct. Bien que nous essayions de répartir la création des cours selon les spécialités de chaque instructeur, la charge de travail et la disponibilité imposent parfois de faire appel à des collègues ou même d'échanger nos rôles. Ce métier exige donc un investissement constant dans la recherche, la lecture scientifique, et l'apprentissage de nouvelles connaissances. En résumé, ce métier demande une passion pour l'apprentissage continu, le respect de principes pédagogiques rigoureux et une grande flexibilité pour transmettre les compétences de manière optimale.

Le cours théorique et/ou pratique qui en résulte doit ensuite être structuré selon des standards pédagogiques spécifiques à l'agence spatiale pour laquelle l'expérience est conçue, ici ceux de l'ESA. Ce cadre précis impose un format à respecter : un ordre établi, des mots-clés, des objectifs pédagogiques définis, ainsi que des critères d'évaluation pour chaque objectif. L'ensemble est ensuite scrupuleusement examiné par des experts dans ce domaine. Ces experts valident le canevas pédagogique ou recommandent des ajustements qu'il est essentiel de prendre en compte. Une fois cette validation obtenue, on peut alors passer à l'élaboration du cours proprement dit et à la réflexion sur les méthodes d'enseignement. Le contenu pourra prendre différentes formes : présentation, vidéo, simulation, entre autres.

L'instructeur doit élaborer plusieurs supports pédagogiques, y compris un script complet du cours, minutieusement rédigé jusque dans les moindres détails, et ce quelle que soit sa durée : qu'il s'agisse d'un enseignement de trente minutes ou de six heures. Tout y est consigné : le déroulement intégral du cours, son rythme, les moyens d'engager l'élève, de le questionner, et même de le faire sourire. L'instructeur est tenu de mettre à jour tous les supports pédagogiques lorsque des ajustements sont effectués. Ce niveau de précision permet notamment à l'instructeur d'être remplacé par son suppléant au pied levé si nécessaire.

Ce cap permet ensuite d'obtenir la certification de la leçon elle-même. Mais ce n'est pas tout : encore faut-il être capable de l'enseigner ! Il convient donc de s'entraîner à donner ce cours, afin de passer la dernière étape : une répétition générale devant un jury composé notamment d'experts scientifiques et de standards pédagogiques avec, comme élève, obligatoirement un astronaute qui est déjà parti dans l'Espace et qui sait comment les choses s'y passent. Si tout se passe bien, l'instructeur obtient une certification spécifique à ce contenu pédagogique, mais celle-ci est temporaire, ce qui garantit le maintien continu de ses compétences. Ne pas dispenser un cours pendant une période déterminée, qui varie selon l'importance et la criticité de chaque enseignement, entraîne une perte de certification.

Qui dit expériences, dit aussi machines pour les réaliser. L'instructeur devra également apprendre lui-même à les extraire correctement des divers contenants, les monter, les brancher, les sécuriser, les utiliser en suivant toutes les procédures… et enfin les démonter et les ranger. Un casque assez classique bardé de capteurs pour enregistrer une activité cérébrale est quelque chose de relativement connu et d'assez facile à manipuler, mais d'autres machines, créées pour l'occasion, n'existent pas sur Terre…

Il en va ainsi de l'expérience « ECHO », réalisée pour la première fois lors de la mission Proxima (de novembre 2016 à juin 2017). ECHO regroupe un dispositif échographique téléopérable composé d'un échographe, de sondes dont certaines motorisées et d'une interface de communication. Ce dispositif permet de réaliser une échographie sur un astronaute, à 400 km de la Terre, à une vitesse de 28 000 km/heure et pilotée depuis le sol par un échographiste. De la télémédecine de très haut niveau.

Des chercheurs ont aussi dû créer de gros dispositifs expérimentaux pour les expériences GRASP[1] et GRIP[2] dont les objectifs respectifs étaient l'analyse de l'adaptation du mouvement et l'étude de la réalisation de tâches visuo-motrices en micropesanteur.

À l'occasion de la mission Alpha (avril à novembre 2021), j'avais initié « ISS News », site d'actualité de l'ISS, intégralement dédié à l'information du grand public sur la vie et les travaux réalisés à bord de la Station spatiale[3]. Les deux expérimentations réalisées ont été expliquées en détail de la manière suivante :

---

1. Gravitational References for Sensorimotor Performance, Références gravitationnelles pour la performance sensorimotrice.

2. Sources : ESA, CADMOS et CNES.

3. Le site est accessible en ligne à l'adresse suivante : https://iss-news.saf-astronomie.fr/ Initié par la PASI, l'organisation que j'ai créée, le projet est porté par les commissions Astronautique et Techniques spatiales et Planétologie de la Société astronomique de France. Le portail est aujourd'hui administré par Olivier Bergeret, Dominique Bétin et Nicolas Leroy.

« Thomas Pesquet a mené au début de la mission Alpha deux expériences en neurosciences européennes : GRIP et GRASP, en relation avec le CADMOS. De manière générale, les expériences observant les changements physiologiques en situation de micropesanteur nécessitent d'effectuer des mesures espacées dans le temps : juste avant le vol (pour avoir une base comparative), dès que les astronautes arrivent à bord de la Station spatiale internationale (certains effets sont immédiats), en milieu de mission si possible, en toute fin de séjour (pour voir l'effet à long terme), puis au retour sur Terre. Les premières semaines dites de transition et d'adaptation du corps humain entier se révèlent fondamentales pour examiner les différences les plus marquantes – les résultats les plus probants sont typiquement obtenus entre le premier et le troisième jour après l'arrivée sur orbite, et après le retour sur Terre.

« L'expérience GRIP (“prise”, en anglais) constitue l'une des plus exigeantes du genre en termes d'installation (qui nécessite de dégager l'allée centrale de Columbus), de répétitions, de protocoles et de démontage. Le but est d'observer la capacité de coordination des forces de levage et de serrage d'un astronaute lorsqu'il tient un objet, alors que son organisme se trouve dans la période d'adaptation provoquée par la disparition de la pesanteur. Son cerveau est alors en train de réapprendre cette coordination, qui n'est pas innée chez l'être humain et s'acquiert durant la croissance. L'expérience permet d'étudier comment le système nerveux s'adapte à la micropesanteur et quelle est l'importance de chaque système sensoriel : le système visuel, le système vestibulaire (qui permet de percevoir l'orientation), l'extéroception (la perception à travers la peau, le plus grand organe de notre corps, en complément des systèmes visuel et vestibulaire), et la proprioception (informations sur la position fournies par les muscles et les articulations). GRIP se déroule au sein du module-laboratoire européen Columbus, soit en position assise sur une “chaise” métallique, soit en position allongée. Suivant les consignes affichées sur une tablette tactile, les yeux ouverts ou fermés, l'astronaute doit réaliser divers mouvements à l'aide d'un petit objet bardé de capteurs, le *manipulandum* : discrets (vers des marqueurs lumineux), d'oscillation (avec une fréquence imposée) ou de collision (en percutant de petits objets-cible). Les capteurs mesurent la force avec laquelle les objets sont saisis, des accéléromètres et des gyroscopes suivent la dynamique de la trajectoire du *manipulandum*, tandis qu'un dispositif infrarouge mesure en permanence la position des objets avec une extrême précision.

« L'expérience GRASP ("saisir", en anglais) s'intéresse à la disparition en micropesanteur des notions de "haut" et de "bas", alors que le cerveau cherche à continuer de diriger le corps avec précision. Elle utilise d'une part la chaise et le dispositif de capture de mouvement de l'expérience GRIP, et d'autre part la plate-forme de réalité virtuelle Perspectives. Cette dernière a été développée par le CNES dans le cadre de la mission Proxima, et utilise un casque occultant stéréoscopique du commerce, qui a été "spatialisé" et est accompagné d'applications dédiées. Le dispositif teste les réflexes de l'astronaute plongé dans un environnement virtuel choisi, en lui demandant d'envoyer un projectile virtuel dans une cible virtuelle, qui est orientée par une grille n'apparaissant que brièvement. L'enjeu est cette fois de mieux comprendre comment le système nerveux intègre les informations sensorielles, en déterminant si la pesanteur aide à la coordination entre l'œil et la vue. L'expérience joue sur différentes informations disponibles : la vue, le système vestibulaire, les muscles et la peau. Un mélange d'instructions, manuelles ou visuelles, entraînent des réponses, manuelles ou visuelles, qui sont observées par des émetteurs infrarouges placés sur le casque de l'astronaute, sa poitrine et autour de sa main. L'astronaute est invité à réaliser des tâches d'orientation complexes, assis ou en flottaison libre, la tête en bas[1]. »

Les expériences GRIP et GRASP expliquées ci-dessus, tout comme les autres expériences menées sur l'ISS, nécessitent donc un matériel et des appareils bien spécifiques. L'instructeur doit évidemment se former intégralement aussi à l'utilisation de ces machines parfois un peu bizarres, afin d'être en mesure de l'enseigner. La totalité du processus, de l'arrivée des documents à l'utilisation des outils en passant par

1. Texte extrait du magazine *Air et Cosmos* du 9 juillet 2021, posté sur le site d'actualité de l'ISS : https://iss-news.saf-astronomie.fr/2021/07/21/experiences-grip-grasp/

les certifications, est long, et son objectif ultime consiste à transmettre un contenu complet et le plus digeste possible pour l'astronaute.

Des procédures d'une rigueur absolue

Mais prenons plus de hauteur, car ce cours très précis s'intègre dans un ensemble, lui aussi très réglementé. Comme nous l'avons évoqué, la formation d'un astronaute se déroule en trois phases. L'ultime partie, l'entraînement mission, intervient après l'affectation d'un astronaute sur une mission spécifique et va concerner plus précisément celle-ci : entraînement au contenu du travail à bord, réalisation des expériences scientifiques prévues sur cet incrément, utilisation et maintenance préventive des machines.

Une fois de plus, chaque détail est minutieusement planifié et contrôlé. Chaque session de formation est intégralement filmée et enregistrée à l'aide de caméras et de microphones installés en permanence dans les salles de classe et dans les maquettes d'entraînement. Ces enregistrements audiovisuels sont ensuite archivés sans limite de temps. En cas de problème sur la

Station, si un astronaute rencontre des difficultés pour réaliser son expérience ou prend plus de temps que prévu, les directeurs de mission et de vol demanderont à consulter la vidéo de l'entraînement afin de tout vérifier pour s'assurer qu'aucune erreur n'a été commise par l'instructeur, que l'enseignement s'est déroulé correctement et, surtout, que les objectifs pédagogiques ont bien été atteints.

Après chaque session de formation, un processus rigoureux se met en place. L'instructeur initie d'abord un débriefing informel à la suite duquel il rédigera un rapport exhaustif couvrant le déroulement de l'entraînement, la qualité de l'attitude, de l'exécution et de la performance de l'astronaute. Notre rapport doit clairement indiquer si l'astronaute a atteint tous les objectifs fixés. Chaque observation, même mineure, doit être consignée avec précision. Ce processus fonctionne de manière réciproque : l'astronaute doit produire un rapport similaire, évaluant ma performance en tant qu'instructrice.

À l'issue de chaque semaine de formation, un débriefing approfondi est organisé avec l'ITL (Increment Training Lead), responsable de la coordination et de la planification de l'entraînement, et tout est passé au crible. Cette approche tripartite (instructeur, astronaute, ITL) garantit une évaluation complète et impartiale, l'identification de tous les points importants et la validation officielle de la session de formation.

Comment se passe une formation ? Eh bien, rien que du très scolaire : c'est une classe, à très petit effectif. L'entraînement de base se fait avec l'effectif complet, tandis que les entraînements « spécialiste » et « mission » se font généralement avec une classe d'un ou deux élèves : l'astronaute sélectionné et en général son remplaçant, sa « doublure », qui prendra sa place en cas de problème qui ne permettrait pas au titulaire de partir. Mais c'est une classe un peu comme les autres, très studieuse. Tout le monde est au travail, l'ambiance est sérieuse.

Après chaque retour de mission spatiale, un processus d'évaluation complet est mis en place. Plusieurs sessions de débriefing sont organisées, dont certaines spécifiquement consacrées à l'analyse de l'entraînement mission. Lors de ces séances, l'astronaute effectue un bilan approfondi de sa préparation, il évalue si son entraînement lui a permis d'accomplir sa mission sans difficulté, il identifie les éventuelles lacunes ou les besoins non satisfaits par la formation, enfin il partage son expérience et ses observations sur l'adéquation entre la préparation et les réalités du travail accompli.

Il s'agit d'un processus d'évaluation exhaustif dont dépend le maintien de la certification de l'instructeur, et qui permet aussi une amélioration continue du programme. Les informations recueillies servent à enrichir le contenu, ajuster les méthodes de formation et combler d'éventuels manques identifiés.

Cette exigence extrême et ces procédures ont été instaurées parce que l'instructeur occupe une position stratégique dans la préparation des missions spatiales. Il représente l'ultime étape de formation avant le lancement et sa responsabilité est d'une importance capitale. Les procédures rigoureuses et les standards élevés sont mis en place pour garantir une qualité de formation irréprochable ainsi qu'une marge d'erreur quasi nulle dans la préparation des astronautes.

La confiance : un socle essentiel

L'astronaute doit pouvoir compter pleinement sur son instructeur, sans place pour le doute. Cette confiance réciproque s'étend à l'ensemble de l'équipe de formation et des équipages à bord de la Station spatiale internationale. Les instructeurs doivent entretenir une confiance absolue entre eux, tandis que les nouveaux membres doivent rapidement s'intégrer et tisser des liens solides au sein de ce réseau. La rigueur du chemin parcouru pour parvenir à la certification est le gage de cette confiance. Et peu importe l'ancienneté. Le fait qu'une personne ait réussi toutes les étapes avant d'arriver sur ce poste signifie que l'on peut travailler en toute sérénité, sans se poser de questions, en sachant qu'elle n'a pas à faire ses preuves ou accomplir une période d'essai supplémentaire. Mon travail n'est pas de tester la compétence de mes collègues instructeurs, mais celle des astronautes.

Cela ne veut pas dire qu'il n'y aura aucune erreur, que les expériences à bord vont être forcément et systématiquement réussies dans les règles de l'art. Toutefois les différentes étapes d'entraînement des astronautes, les obstacles à franchir pour les certifications, font que, si un problème se pose, la responsabilité ne va pas reposer sur une seule et unique personne. Cela permet de préserver la confiance que nous pouvons avoir les uns envers les autres. Du début à la fin, nous accomplissons un travail collectif.

Je me souviens d'une conversation avec un jeune pilote de chasse qui rêvait de devenir astronaute et qui avait en tête des idées très préconçues au sujet de ce métier. Il était d'ailleurs persuadé qu'un *ego* surdimensionné était un avantage pour bien exercer cette profession. « Bien au contraire, lui ai-je répondu. Pour partir en mission spatiale, nous avons besoin de tout sauf de personnes qui se prennent pour des héros ou se croient supérieures aux autres. »

Cette exigence, à la fois de compétences, de sang-froid et d'humilité, était d'autant plus importante jusqu'à la fin des années 2000, avant le déploiement de constellations de satellites de plus en plus pointus permettant d'assurer en quasi-permanence une communication avec la Terre et les centres de contrôle. Avant, et c'est de plus en plus rare, il y avait des périodes de *black-out*, de perte de signal, qui pouvaient durer deux heures, parfois plus. Et dans ce cas-là, c'était l'astronaute, commandant de mission à bord de la Station, qui se retrouvait en autonomie pour prendre une décision en cas de situation critique. Il n'y avait donc d'autre choix que celui de lui faire confiance.

Ce n'est quasiment plus le cas aujourd'hui, mais ce genre de situations pourrait revenir avec le développement des missions lunaires et donc avec des équipages situés à 384 000 km de la Terre, au lieu de 400 à ce jour sur l'ISS.

Actuellement, la confiance repose essentiellement sur les équipes au sol, les opérateurs, les directeurs et directrices de vol. Les astronautes sont à 99 % de leurs temps des opérateurs. Ils n'ont, en théorie, que peu de décisions à prendre de façon autonome, en raison de la technologie, de la modernisation des télécommunications. Même dans la fusée qui emporte la capsule dans laquelle ils se trouvent, les astronautes ont peu de tâches de pilotage à accomplir. Néanmoins, tous les astronautes sont entraînés au pilotage, mais seulement pour le cas où ce serait nécessaire. La technologie et les compétences humaines sont des outils utilisés intelligemment – l'une remplaçant les autres au besoin.

En tant qu'instructrice, j'ai également une responsabilité en la matière. La plupart du temps, ma mission s'arrête après la formation de l'astronaute sur une expérience et l'utilisation des machines nécessaires à son accomplissement. Je ne suis pas censée interagir avec les équipages lorsqu'ils sont dans l'Espace. Cela signifie que, lors de l'utilisation d'un tout nouvel appareillage, d'une expérience inédite, il me faut expliquer très précisément à mes collègues des centres de contrôle, supports aux opérations qui seront en contact avec les astronautes, le fonctionnement de l'outil qui va être déployé.

Ma responsabilité est en fait assez lourde : une erreur, une faute de ma part en début de chaîne peut affecter la suite des événements. Prenons pour exemple un cours concernant une expérience sur l'utilisation de l'échographe dont je parlais précédemment. Il va falloir remplir trois objectifs, l'un théorique et les deux autres pratiques : s'assurer que l'astronaute sait comment fonctionne un échographe et comment une échographie est scientifiquement réalisée ; qu'il est capable, seul, de trouver le matériel, de le monter, de l'installer, de le connecter et de le sécuriser ; être sûr qu'il sait, également seul, mettre en route l'appareil, positionner la sonde, et enfin exécuter correctement la procédure.

En tant qu'instructeurs, nous sommes tenus de suivre des principes d'apprentissage stricts. L'un des plus importants est celui de la primauté. Ce principe exige que, lors de la formation à l'utilisation d'un appareil, l'instructeur effectue lui-même la première démonstration de manière précise et complète. Ainsi, je ne peux pas commencer un entraînement en demandant à mon élève : « Alors, selon toi, comment utilise-t-on cette machine ? » S'il ne devine pas immédiatement et correctement, cela serait considéré comme de l'entraînement négatif, ce qui constitue une faute de l'instructeur.

Lors de l'évaluation des apprentissages, il est impératif d'être franc et clair, sans la moindre hésitation. Si l'objectif pédagogique n'est pas atteint, il est crucial de le dire sans états d'âme ni crainte. Agir autrement par sympathie, empathie ou par peur de ne pas « oser » serait une erreur. En résumé, au-delà du cours lui-même, mon rôle consiste à valider – ou, si nécessaire, à invalider ce qui doit l'être. Cela est essentiel, car notre priorité est de protéger l'équipage. Et la meilleure façon de le protéger, c'est de savoir s'il est réellement apte à accomplir la mission, ou non.

Lors d'une mission, il peut également nous arriver de procéder à des ajustements en cas de problème non anticipé, ou si une expérience imprévue entre dans l'agenda, ce qui va nous amener à faire des ajouts d'entraînement pour une nouvelle tâche. Cela s'appelle un OBT, pour « *on board training* », un entraînement à bord qui prend la forme d'une visio ou, plus fréquemment, d'une vidéo élaborée. Au lieu de préparer un cours avec des diapositives et des enchaînements de démonstrations et performances, nous écrivons alors un scénario très précis, traduit ensuite en images dans un laboratoire audiovisuel qui se trouve au centre d'entraînement à Cologne, véritable « tuto » communiqué à l'équipage. Généralement, les instructeurs n'aiment pas cet exercice, moins interactif que de donner un cours magistral devant des astronautes.

Je pense au contraire que l'OBT constitue un outil du futur pour les entraînements que l'on doit considérer sans *a priori*. Tout simplement parce que les OBT pourront nous être bien utiles lors de missions vers la Lune, forcément plus longues qu'aujourd'hui, qui nécessiteront une formation sur Terre, doublée de tutoriels utilisés par les équipages tout au long de leur mission.

5
Zero G

24 août 2017. Un Airbus A310 décolle de l'aéroport de Bordeaux-Mérignac (Gironde). Le temps est magnifique, le ciel d'un bleu azur lézardé de quelques nuages. Ce vol a pour destination son lieu de départ, sa mission est atypique.

En quelques minutes, l'appareil a quitté le ciel de la baie d'Arcachon pour se positionner plus au large, au-dessus de l'océan Atlantique. Le vol va durer environ deux heures et l'avion procéder à plusieurs paraboles permettant de produire à bord une impesanteur d'une bonne vingtaine de secondes à chaque manœuvre.

La partie centrale de la carlingue, intégralement capitonnée et dont les hublots sont masqués, comporte uniquement des filets de protection et des sangles. Dans la cabine, à la manœuvre, il n'y a pas un pilote et un copilote mais trois pilotes certifiés : ce jour, deux pilotes d'essai et un pilote militaire. Ils ont chacun un rôle bien particulier, pour un maniement de l'appareil très précis, un pilotage synchrone. Les deux premiers, installés à gauche et à droite du tableau de bord, vont s'occuper l'un de l'assiette de l'appareil (pour monter et descendre), et l'autre du roulis (pour maintenir les ailes à plat). Juste à côté d'eux, en léger retrait, le troisième aura pour mission de gérer les gaz, c'est-à-dire la poussée des moteurs.

Outre les membres d'équipage – pilotes, personnels navigants de sécurité, pour la plupart anciens militaires, de ceux qui accompagnent les vols présidentiels ou les rapatriements et les instructeurs –, il y a dix passagers, huit enfants et deux adultes – Philippe Carette, bénévole de l'association « Rêves de gosses » à l'origine du projet, et l'ancien cascadeur allemand Samuel Koch –, tous en situation de handicap ou touchés par une maladie, issus de pays membres de l'ESA.

Pour les accompagner dans cette expérience inoubliable, six astronautes européens : les Français Claudie Haigneré et Jean-François

Clervoy, l'Allemand Thomas Reiter, l'Anglais Timothy Peak, l'Italien Maurizio Cheli et le Belge Frank De Winne. L'objectif de l'opération, à laquelle j'ai participé, était de permettre à des personnes en situation de handicap de découvrir ou redécouvrir leur corps et sa mobilité grâce à l'impesanteur d'un vol parabolique, leur permettre de se tenir debout seuls, de faire des saltos loin des fauteuils et des béquilles, d'apporter enfin un moment de légèreté à des vies endommagées.

Ce vol unique, inédit, a nécessité neuf mois de préparation. Il s'agit d'un projet entrepris en 2016 par l'association « Rêves de gosses », destinée à faciliter l'intégration d'enfants abîmés par la vie. Elle leur permet précisément de réaliser un rêve : voler, au sens physique et physiologique du terme. Au départ, l'idée a paru à la fois folle et géniale. Elle consiste à faire vivre l'impesanteur, et donc l'absence de sensation de son propre poids, à des personnes qui n'ont parfois jamais pu se tenir debout ou sont prisonnières de leur corps.

Un vol parabolique n'est déjà pas simple à préparer avec des personnes valides, ce projet constituait donc un défi particulièrement important. Et pourtant, nous l'avons fait. C'est la société Novespace, spécialisée dans ces vols et filiale du CNES, qui a rendu cela possible. En 2016, cela fait alors six ans que je monte régulièrement à bord de l'Airbus de Novespace, en tant que simple cobaye ou opératrice pour diverses expériences. Et c'est encore une fois un hasard qui m'y a conduite.

En impesanteur sans quitter l'atmosphère

Six ans plus tôt, alors que je travaille déjà depuis un an en tant qu'instructrice au Centre européen des astronautes à Cologne, je déjeune à la cantine du Centre allemand pour l'aéronautique et l'astronautique (DLR[1]). Un collègue vient me trouver et me propose de faire un vol parabolique, afin de remplacer au pied levé une des participantes malheureusement grippée.

J'ai d'abord cru à une blague, d'autant plus que j'avais déjà eu, via le CNES, cinq occasions de participer à des vols paraboliques dans le

1. Deutsches Zentrum für Luft-und Raumfahrt, c'est l'agence spatiale allemande.

cadre d'expériences que je gérais : cinq occasions manquées faute de temps car j'étais alors débordée par le travail. La proposition est en fait très sérieuse. Il s'agit d'être immédiatement incorporée, dans un premier temps, au sein d'un protocole de tests pour vérifier ma compatibilité pour l'expérience. J'accepte, et finalement, je suis prise. Ce sera mon premier vol en tant que « sujet expérimental ».

L'expérimentation scientifique, réalisée en partenariat avec le MIT, a pour but de comprendre comment le cœur réagit lorsqu'il est sollicité en hypergravité comme en apesanteur. C'est une donnée très importante pour connaître l'impact d'une mission dans l'Espace sur le système cardio-respiratoire des astronautes, afin de prévenir et de pallier toute difficulté. Il s'agit aussi d'un protocole permettant aux chercheurs d'observer de façon très « contrôlée » cet afflux sanguin dans le cœur et de mieux comprendre cet organe pour mieux le soigner.

Le vol parabolique, grâce aux cycles de 22 secondes d'impesanteur qu'il crée, nous donne la possibilité de mesurer cela. C'est l'une des nombreuses expériences que permettent ces vols. En fait, les vols paraboliques sont l'occasion de réaliser des expérimentations qui nécessitent une période d'impesanteur courte, sans avoir besoin de la Station spatiale internationale et de ses astronautes, dont le coût d'accès est plus élevé.

Concrètement, je me retrouve en vol au-dessus de l'Atlantique, le corps recouvert d'électrodes et avec un masque sur le visage diffusant un mélange gazeux. Il s'agit d'une expérience de mesure du débit cardiaque par ce que l'on appelle la capnométrie, c'est-à-dire le niveau de dioxyde de carbone présent dans la respiration et la capacité à évacuer ce gaz par le débit sanguin pulmonaire. Finalement, cela permet de mesurer différentes phases du débit cardiaque de manière non invasive. L'un de mes bras est en écharpe. Dans le creux de mon coude, un cathéter permet de prélever du sang toutes les cinq minutes. Tout est contrôlé, y compris le rythme respiratoire, par l'opérateur qui mène l'expérience, un peu comme chez un médecin vous auscultant avec un stéthoscope, qui vous dit quand inspirer ou expirer.

Tout se passe pour le mieux. Je ne suis pas malade durant le vol – ce qui peut parfois arriver –, et les résultats sont exploitables. Huit autres personnes vont participer à cette campagne. Les données sont récoltées de manière anonyme, avec des noms de code randomisés. Une nouvelle campagne, en sélectionnant deux des participants sur la base des résultats obtenus lors de la première phase, et en y ajoutant six nouveaux autres, a lieu. J'ai le privilège de faire partie du duo sélectionné.

À force de rencontres et de vols – avec la DLR, le CNES et l'ESA –, je vais me rapprocher de l'équipe de Novespace. Le directeur général Thierry Gharib, avec qui j'ai sympathisé, va donc me demander en 2016 si j'accepterais de me lancer sur un projet avec des enfants handicapés. Ainsi se produisit ce vol parabolique avec « Rêves de gosses », qui s'est merveilleusement bien passé.

Je regrette qu'il y ait eu très peu de communication autour de ce vol, à part une vidéo[1]. Peut-être est-ce dû au fait que cette opéra-

1. Voir la vidéo « Extraordinary kids fly in zero gravity » disponible en accès libre en ligne.

tion a suscité le débat dans le milieu assez fermé du spatial, entre ceux qui trouvaient cela trop risqué, et d'autres qui considéraient que ce n'était pas notre cœur de métier. Personnellement, j'estime qu'il est important de faire ce genre d'opérations. Je crois que cela a changé la vie de ces enfants, que cela permet de comprendre une autre dimension du spatial, et qu'il est nécessaire que ce milieu, qui fonctionne encore aujourd'hui trop en vase clos, s'ouvre. Cette opération aurait pu être un excellent vecteur de communication pour faire passer des messages de tolérance, notamment sur le handicap, par rapport aux enfants, mais aussi des messages sur la science, sur ces vols, sur leur utilité et leur but.

En tout cas, il s'agit d'un véritable succès, à tel point qu'un deuxième vol parabolique de deux heures a été organisé dans le même cadre, c'est-à-dire avec des enfants dont une partie en situation de handicap. Le 17 mai 2024, à bord de l'Airbus A310 « Zero G », cette fois-ci depuis l'aéroport Fracazal de Toulouse, les regards ont également été émerveillés. Jean-François Clervoy, au travers d'une nouvelle vidéo réalisée lors de ce vol, résume ainsi l'impression de l'équipe lors de ce nouvel événement : « On reçoit probablement plus que l'on donne, au travers du regard des autres[1]. »

Après la réussite de l'organisation du vol d'août 2017, Thierry m'a proposé de devenir instructrice de vols paraboliques, sur les vols AZG – Air Zero G[2]. Pour devenir instructrice, j'ai dû effectuer des vols d'entraînement et de qualification, que j'ai trouvés assez sportifs. Seul l'équipage – pilotes, instructeurs, personnels navigants de sécurité – est présent pour ceux-ci. Au programme, une bonne trentaine de paraboles, des manœuvres qualifiées de « limites » ou encore « G-max » afin de maintenir les aptitudes des pilotes, mais aussi pour tester la résistance des uns et des autres, le sang-froid, gérer ses éventuels moments de panique, et surtout conserver ses repères et capacités dans la contrainte et la sensation physique d'être dans un grand huit. Je ne vais

1. « Rêves de gosses, étape de Toulouse », vidéo également disponible en ligne, notamment sur YouTube.

2. Novespace et Air Zero G sont deux entités distinctes, Novespace est la société qui exploite l'Airbus A310 Zero G et Air Zero G est une marque commerciale créée par Novespace pour proposer des vols paraboliques au grand public.

pas vous le cacher, j'en ai bavé. L'exercice ne relève pas d'un quelconque bizutage. Il faut que tout l'équipage soit en mesure de faire face à n'importe quel événement possible en conservant son calme.

Le monde du vol parabolique

Le vol parabolique est né aux États-Unis dans les années 1950, dans le cadre des recherches pour lancer la conquête spatiale, principalement avec des avions de chasse. En Europe, c'est la France qui se lance en premier en 1989, avec une caravelle VI-R, sous l'impulsion des astronautes Jean-François Clervoy et Jean-Pierre Haigneré, et au travers de la société Novespace, filiale du CNES qui en est toujours aujourd'hui l'actionnaire majoritaire.

Pour réaliser des expériences nécessitant une pesanteur partielle, il existe plusieurs solutions. Au sein de l'ISS, la micropesanteur est permanente. Sans rejoindre la station orbitale, quatre « outils » sont à notre disposition pour recréer une situation d'apesanteur limitée dans le temps. Il y a d'abord les tours à chute libre, les fusées sondes et les capsules. Le problème essentiel, c'est qu'aucun de ces trois moyens ne permet de mener des expériences, soit avec l'intervention d'un expérimentateur embarqué, soit sur l'homme directement. Reste donc le dernier moyen, où l'impesanteur est intermittente et d'une durée limitée : les vols « Zero G ». Ces vols dits paraboliques sont une « plate-forme de pesanteur partielle ». Ils permettent à chacune des agences spatiales de diversifier les outils à leur disposition pour créer des conditions d'impesanteur ou de microgravité tout en réduisant les coûts.

Pour l'anecdote, l'Airbus A310, avant son acquisition par Novespace qui l'utilise depuis 2015, a été propriété de l'État allemand pour les vols gouvernementaux et notamment les déplacements de la chancelière Angela Merkel.

Si les vols paraboliques ont une origine et un but scientifiques, ce qui reste encore aujourd'hui leur activité principale, il existe également des vols commerciaux. Ces derniers permettent justement d'apporter des fonds supplémentaires pour la réalisation des missions à caractère scientifique. Pour résumer, les passagers qui s'offrent un siège sur un « vol AZG » ludique sponsorisent la recherche en minimisant le coût des campagnes de vols paraboliques scientifiques.

Une campagne de vols scientifiques nécessite plusieurs mois de préparation. La phase finale dure deux semaines : la première pour la préparation au sol, l'entraînement et les derniers ajustements, la seconde pour les vols. Chacune des trois agences partenaires de Novespace dispose de créneaux de campagnes de vols paraboliques. Au sein de chaque agence, un comité sélectionne les expériences et les démonstrateurs technologiques éligibles. En fait, les choses se passent un peu comme pour la sélection et la validation d'une expérience qui se déroulera sur l'ISS, mais pour un vol parabolique, nécessitant donc moins de moyens et proposant des délais plus courts.

Comme sur l'ISS, des machines sont conçues et utilisées spécialement pour les expériences. Elles nécessitent d'être adaptées à ce cadre : des structures très robustes, n'ayant aucun angle coupant ou pointu… Ces « racks scientifiques » sont fixés au sol de la zone expérimentale, la partie de la carlingue de l'avion entièrement reconditionnée, capitonnée, vidée de ses sièges, avec des rails de fixation au sol, prévue pour accueillir les expériences. Les rails de fixation à bord de l'avion sont d'ailleurs exactement les mêmes que sur l'ISS, les « *seat tracks* ». À l'intérieur, c'est un peu comme un meccano. Les racks peuvent être retirés, remplacés par d'autres, ou la zone d'expérimentation peut être entièrement vidée pour ne garder que les sangles, les mains courantes de sécurité et les filets qui délimitent chaque zone de l'avion. Une précision : à part ceux du cockpit, il y a tout de même des sièges à l'arrière de l'appareil, pour les phases de décollage et d'atterrissage.

Le décollage se déroule comme celui de n'importe quel avion de ce type, avec une montée progressive pour atteindre ici une altitude à l'horizontale de 6 000 m et une vitesse de 810 km/h. C'est à ce moment-là que la « manœuvre parabolique » va commencer. Le pilote qui s'occupe de l'assiette va cabrer l'avion jusqu'à atteindre un angle de 50 degrés, tandis que celui qui s'occupe du roulis va se concentrer durant toute la manœuvre sur la stabilité de l'appareil.

Dans la carlingue, une hyperpesanteur se crée et les personnes présentes à bord subissent

1,8 g, soit 1,8 fois leur poids. Alors que l'avion est dans cette phase ascensionnelle, le pilote qui gère les gaz les réduit. L'appareil va alors continuer son ascension en phase balistique pendant une dizaine de secondes, puis redescendre en effectuant une parabole d'environ 22 secondes en tout. Les passagers se trouvent à ce moment-là en impesanteur. Lorsque l'avion en chute libre atteint un angle de – 42 degrés, les pilotes le redressent progressivement tout en remettant les gaz, jusqu'à retrouver la phase de « croisière », à l'horizontale. L'avion est alors prêt à recommencer un cycle.

Pour citer un exemple très concret, lorsque vous lancez une balle vers l'avant tout en orientant votre geste vers le haut, celle-ci ne va pas retomber tout de suite. L'accélération de votre main va lui donner une vitesse initiale et une trajectoire montante. Sous l'effet de la gravité, la balle va ralentir dans sa montée puis accélérer vers le sol, en décrivant une parabole.

Cette manœuvre est reproduite trente et une fois lors des vols scientifiques. Précisément, l'appareil effectue trente paraboles pour les expériences et une parabole « 0 », technique destinée au calage des machines, des opérateurs, et des sujets expérimentaux, le tout avec des phases de pause en vol durant lesquelles les scientifiques peuvent modifier les paramètres de leur expérience. Au cours de ces vols, les personnes à bord sont attachées parce que leur mission n'est pas ludique : il ne faut pas se cogner ni endommager les machines. L'intérêt d'un vol parabolique, c'est de pouvoir expérimenter dans le cadre d'une « impesanteur à zero g », mais également, en modifiant légèrement la parabole, de moduler la gravité pour obtenir celle de la Lune ou de Mars. En fait, l'Airbus A310 Zero G est un laboratoire volant, comme l'ISS.

Une activité d'exception

En ce qui concerne les vols commerciaux, appelés « vols découverte » ou encore « vols Air Zero G », le billet coûte actuellement 7 500 euros par personne. Il faut donc que nous offrions le meilleur à celles et ceux qui décident d'y participer. L'opération, de l'arrivée des participants jusqu'à l'atterrissage et au débarquement, va durer d'un jour et demi à deux jours.

Les passagers arrivent la veille du vol sur le site de Novespace, à Mérignac (Gironde), dans une zone de l'aéroport. Ils sont accueillis par l'équipe commerciale et vont rencontrer l'équipage. Dans la soirée, un dîner est organisé en présence de l'instructeur de chaque équipe (dix passagers), qui va expliquer en détail le déroulement des opérations, répondre aux questions, mais aussi ajouter quelques petites précisions élémentaires : se coucher tôt pour être en forme, éviter de fumer, de boire de l'alcool, ou d'ingurgiter trois cappuccinos et deux assiettes de bacon-œufs brouillés au petit déjeuner de l'hôtel le matin du vol, etc.

Côté physiologique, même si un vol parabolique paraît physique, n'importe qui en bonne santé peut y participer, sauf dans des cas de grosses pathologies pulmonaires ou cardiaques par exemple[1]. Un certificat médical est de toute

---

1. Le site Internet de Novespace fait le point sur toutes les conditions à remplir pour effectuer un vol parabolique. Concernant la santé, un « document médical » est disponible. Les principales conditions ne permettant pas cet exercice sont les suivantes : « angine de poitrine, infarctus récent, hypertension mal équilibrée, crises d'asthme fréquentes, vertiges,

façon exigé et au moins un médecin est toujours présent sur place. L'âge n'entre pas non plus en ligne de compte. J'ai fait en 2019 un vol avec l'astronaute américain Charles Duke, qui a marché sur la Lune lors de la mission Apollo 16 d'avril 1972. Nous l'avons ainsi replongé dans le contexte de la gravité lunaire, et ce à… 84 ans. Novespace indique pour sa part que « la personne la plus avancée en âge ayant effectué un baptême d'apesanteur avait 93 ans ».

Le matin, une réunion préparatoire a lieu, notamment pour donner toutes les informations sur le vol, son déroulement et les consignes de sécurité à respecter. Et lors du vol, dans l'espace habituellement consacré aux expériences, débarrassé pour l'occasion de tout instrument, le rôle de l'instructeur est primordial. Il est là pour sécuriser, veiller à ce que chacun sache

---

surdité importante, épilepsie, claustrophobie, grossesse, prise de certains médicaments. »

Les conditions à remplir peuvent être consultées sur ce lien : https://www.airzerog.com/fr/aptitude-medical-vol-zero-g/

L'ensemble des informations concernant les vols est à retrouver sur ce lien : https://www.airzerog.com/fr/

se positionner, rattraper celui ou celle qui semble avoir du mal à gérer l'impesanteur : la moindre impulsion physique, le moindre mouvement, peut vous envoyer contre une paroi comme un ballon. Il doit aussi ramener vers les sangles la personne qui cherche à s'accrocher quelque part, s'occuper de celle qui, éventuellement, semble paniquer, guider l'application des consignes données à chaque phase en anglais. En résumé, il s'assure que les passagers vont vivre pleinement une expérience inoubliable en toute sécurité. Ce qui peut désorienter, c'est qu'il n'y a aucune visibilité vers l'extérieur : les hublots sont masqués, l'espace est capitonné par mesure de sécurité.

Un vol parabolique peut parfois être éprouvant si on ne respecte pas ce que préconise l'équipage. Mais si l'on suit à la lettre les consignes, l'expérience est extraordinaire. Ne plus ressentir son poids, que l'on porte de manière inconsciente depuis la naissance du fait de la gravité terrestre, procure des sensations difficiles à exprimer. C'est quelque chose que même notre cerveau ne connaît pas. Il suffit de voir les visages radieux des passagers, ces sourires éclatants et irrépressibles, pour savoir que quelque chose d'extraordinaire est en train de se passer. Un véritable shoot de bonheur. Le vol découverte, du décollage à l'atterrissage, va durer environ deux heures, dont une au cours de laquelle l'avion va effectuer quinze paraboles entrecoupées de pauses.

Chewing-gums et féminité

Parmi les raisons pour lesquelles je me mets la pression, il y a le fait que je sois l'une des rares femmes dans cet équipage qui, jusqu'en 2018, était exclusivement masculin. Toutefois cette pression est positive. Je m'impose de ne laisser paraître aucune différence, de ne pas demander de traitement spécifique, de me maintenir constamment au même niveau et de tenir le même cap, en particulier lorsque les limites physiques se font sentir.

J'essaie de compenser cette disparité physique par mon comportement, mon attitude. Ainsi, j'utilise mes acquis pédagogiques tout en faisant preuve d'autorité, un peu comme une prof, métier encore aujourd'hui majoritairement féminin quand le monde des astronautes et celui des vols paraboliques ne le sont quasiment pas.

Lorsque des personnes viennent participer à un vol découverte de l'impesanteur Air Zero G, nous n'apprenons la composition des équipes que lors du briefing de l'équipage, quelques heures avant l'accueil. C'est impératif pour la protection des données des passagers et aussi afin d'éviter toute « fuite » d'information sur la venue de personnes éventuellement connues par exemple. Il en va de même pour les passagers qui ne découvrent leur instructeur que lors du dîner la veille du vol au plus tôt.

Je me suis souvent interrogée sur la potentielle déception que certains passagers pourraient ressentir de « tomber » sur la seule fille du groupe. Je m'imaginais aussi que certains pourraient être plus stressés que dans les équipes encadrées par mes collègues masculins. J'ai alors cherché des moyens de « compenser ». Premièrement, j'essaie d'être très claire dans mon propos, de donner des instructions et des conseils précis dès le départ. C'est d'ailleurs une des méthodes qu'on applique pour l'entraînement des astronautes : dire et montrer la bonne façon de faire avant de communiquer toute autre information ou même de répondre aux questions. Ensuite, j'essaie d'être très à l'écoute, de prendre en considération chaque interrogation, chaque détail, même ceux qui peuvent paraître futiles. C'est la raison pour laquelle je trimballe avec moi, au sol comme à bord, un petit sac à dos rempli de choses qui me permettent de faire face à la plupart des éventualités et de chouchouter mes passagers. Un découd-vite pour découdre la base des combinaisons qui serrent trop la cheville, des chewing-gums et des bonbons pour un petit coup de sucre et de fraîcheur pendant le vol, de quoi grignoter, des élastiques pour les cheveux pour ceux qui oublient que les cheveux vont eux aussi flotter dans tous les sens, une huile essentielle pour la relaxation… Ce sac me vaut moqueries et plaisanteries de mes collègues, mais, malgré les railleries, il n'empêche qu'à la fin de chaque vol, il est souvent vide. J'aime rassurer pour permettre une meilleure performance, j'aime aussi montrer aux passagers que nous faisons tous partie d'une même équipe ce jour-là.

Dans le même état d'esprit, j'imagine volontiers que ma féminité puisse sécuriser les gens, et que certains puissent maladroitement se dire : « Si une fille peut le faire, alors cela va bien se passer pour moi également. » Et pour l'opération « Rêves de gosses », outre le côté politique de ma désignation – quelqu'un de l'ESA, une Française, s'entendant bien avec tout le monde –, je pense que le fait d'être une femme a joué aussi, afin de rassurer les enfants et leurs familles, avec lesquelles j'ai passé beaucoup de temps.

Comme parmi les astronautes, la part de femmes dans les vols paraboliques ne pourra, à l'avenir, qu'augmenter. C'est une question d'évolution de la société, de renouvellement de générations. Ma présence à leurs côtés en est la preuve. Les pilotes de vols paraboliques sont pour la plupart des militaires, tout comme les personnels navigants de sécurité, avec des formations et des entraînements très durs. Puis l'armée, à la base, socialement, historiquement, c'est un monde masculin.

Enfin, si le directeur général de Novespace, Thierry Gharib, me demandait un jour de laisser tomber mon poste actuel et l'ensemble de mes entreprises pour me consacrer à 100 % à cette activité de vols Zero G, je répondrais « oui » sans aucune hésitation.

PARTIE II

NOTRE SEUL HABITAT COMMUN

6

Des sujets expérimentaux en orbite

On le sait, les astronautes qui évoluent actuellement au-dessus de nos têtes sont souvent décrits comme des explorateurs, les nouveaux Christophe Colomb de notre époque. Ils embarquent à bord d'une capsule ou d'une navette pour rejoindre une station spatiale bien connue, située à 400 km de la Terre, où ils séjournent pendant quelques jours, semaines, mois, voire une année entière, afin de mener des expériences scientifiques en impesanteur. Les conditions de vie sont loin d'être idéales : les volumes sont exigus et l'hygiène est rudimentaire, sans possibilité de douche ou de lessive par exemple. Le séjour à bord impose donc de s'adapter à un évident inconfort.

On a en tête ces magnifiques images des sorties extravéhiculaires où l'on voit un humain, enfermé dans son scaphandre immaculé, flottant avec, en toile de fond, le noir intersidéral et notre magnifique Planète bleue. Cette sortie, dans les faits, est un exercice dangereux consistant à aller effectuer une tâche de maintenance, une réparation ou une installation à l'extérieur de la Station. Elle dure en général plusieurs heures et nécessite énormément d'organisation, d'énergie et de précautions.

On pourrait comparer la condition des astronautes à celle des sous-mariniers, enfermés dans un lieu clos, au cœur d'un milieu extérieur hostile, durant des semaines. Et un astronaute en sortie extravéhiculaire est un peu comme un plongeur, les frottements de l'eau en moins et la rapide alternance jour/nuit chaud/froid en plus. L'entraînement aux sorties extravéhiculaires (ou EVA pour « *extra vehicular activity* ») se fait notamment en piscine, appelée « laboratoire de flottaison neutre », afin de reproduire certaines contraintes liées à ces activités.

Le corps mis à rude épreuve

L'environnement spatial est extrêmement hostile à la vie humaine et aux organismes vivants de manière générale. On ne peut y respirer, la protection atmosphérique y est inexistante et l'organisme y est exposé à des rayons ionisants. Cet environnement expose les corps à des phénomènes de gravité auxquels ils ne sont pas du tout habitués : hypergravité lors du voyage, micropesanteur ou gravité partielle en fonction de la destination ensuite. Sur le plan physiologique, le corps humain est intégralement adapté à la gravité terrestre et même calibré par celle-ci. Le positionnement physique d'un humain, le moindre de ses organes, de ses cellules, son rythme cardiaque et sa circulation sanguine sont façonnés par cette gravité. Alors, lorsqu'un astronaute arrive dans l'Espace extra-atmosphérique, les conséquences – pour la plupart temporaires ou réversibles au retour – sur l'état de santé général sont, pour certaines immédiates, et pour d'autres vont apparaître au fil du temps passé à bord. Le phénomène qui se produit est similaire à des symptômes de vieillissement accéléré du corps humain.

Cet inconvénient constitue pourtant une opportunité inégalée pour les scientifiques d'étudier ces phénomènes et d'en tirer des enseignements pouvant servir à la fois à améliorer les conditions de vie des astronautes, faire avancer la médecine et améliorer notre qualité de vie sur Terre.

Le système cardio-vasculaire est déplacé dans un environnement tout à fait inhabituel et doit apprendre à fonctionner malgré tout. Notre cœur n'est pas placé par hasard dans la partie haute du corps humain. C'est une adaptation à la gravité terrestre qui permet d'alimenter plus facilement les organes vitaux dont il est proche, au travers du rythme cardiaque et de la circulation sanguine. En micropesanteur, la répartition de l'ensemble des fluides du corps est perturbée, et la « masse sanguine », habituellement concentrée vers le bas, a tendance à remonter vers la partie supérieure, entraînant une hyperpression dans cette zone[1]. C'est le « *shift* » des fluides corporels.

---

1. Source : Association aéronautique et astronautique de France. Lire à ce sujet cette note : https://www.3af.fr/news/coeur-et-espace-une-mise-au-point-1271

Les muscles posturaux[1] et ceux notamment des membres inférieurs, en impesanteur, sont beaucoup moins sollicités, leur masse a tendance à fondre, et des symptômes que l'on retrouve dans certaines myopathies apparaissent. Le phénomène est similaire à l'alitement prolongé d'un patient : pour se remettre d'un coma artificiel en réanimation de plusieurs semaines, ce qu'ont connu plusieurs milliers de patients victimes de la Covid-19, des mois de rééducation sont nécessaires. Pour limiter le phénomène, les astronautes se voient imposer entre deux et trois heures quotidiennes de sport à bord de la Station, à l'aide de machines comme celles que l'on peut trouver dans les salles de sport, machines qui ont bien évidemment dû être adaptées à un usage en impesanteur et dans un espace confiné. Il en est ainsi du tapis de course, qui ne peut pas être fixé directement à la structure du module, afin d'éviter les vibrations et les chocs induits par cet exercice physique. L'instrument doit donc être désolidarisé de la paroi même du module

1. Il s'agit de certains muscles du dos, du bassin et de l'abdomen, essentiels parce qu'ils nous permettent de maintenir notre posture, tel un étayage du corps.

pour être en fait suspendu sur un emplacement prédécoupé de la paroi. Le tapis va alors bouger pendant l'exercice, un mouvement – tout comme les vibrations qui seraient ressenties sur les parois de l'ISS – compensé par un dispositif d'isolation vibratoire actif, un gyroscope, et passif, sous la forme de câbles métalliques. L'astronaute, pour sa part, est arrimé au tapis par un harnais aux épaules et à la taille. Originalité, l'apesanteur permet d'installer le tapis de course[1] sur les parois latérales du module, voire au plafond !

Le squelette subit lui aussi des désagréments. Les cellules osseuses, habituellement stimulées par la gravité terrestre, notamment les ostéoblastes qui permettent le renouvellement du tissu osseux, voient leur fonctionnement totalement perturbé, ralenti, freiné, et les astronautes souffrent alors de symptômes similaires à ceux de l'ostéoporose.

1. Voir au sujet de cet instrument l'article des docteurs Guélove Nolevaux et Pierre-François Mouriaux sur le site de la PASI (Association professionnelle des instructeurs du spatial) et de la Société astronomique de France : « Un tapis de course appelé COLBERT », ISS NEWS (saf-astronomie.fr).

Malgré le fait que l'ISS reste protégée du rayonnement cosmique par la magnétosphère terrestre, c'est-à-dire le champ magnétique de la Terre, et par les matériaux qui la constituent, les astronautes sont fortement exposés aux rayonnements ionisants, ce qui représente un risque supplémentaire pour leur santé. Des dosimètres sont d'ailleurs installés dans les modules de l'ISS et dans les combinaisons pour mesurer régulièrement cette exposition.

Les astronautes qui séjournent plusieurs mois dans l'Espace peuvent connaître également des problèmes d'acuité visuelle, et notamment de cataracte, de manière beaucoup plus importante que le reste de la population. Cette affection, connue sous le nom de « syndrome oculaire lié aux vols spatiaux », pourrait être la conséquence de la pression intracrânienne générée par le déplacement des fluides corporels vers le haut du corps. Entre 45 % et 75 % des astronautes ayant séjourné au moins six mois dans l'Espace sont touchés, selon l'étude SANSORI de l'agence spatiale canadienne[1].

1. Étude SANSORI, étude de santé oculaire dans l'Espace, novembre 2023 : https://www.asc-csa.gc.ca/fra/sciences/sansori.asp

Si tous ces symptômes disparaissent presque complètement quelque temps après le retour sur Terre – sauf en ce qui concerne l'irradiation –, d'autres problèmes apparaissent alors. La colonne vertébrale, qui n'a pas été soumise à la gravité terrestre durant plusieurs mois, a tendance à s'écraser dès qu'elle la retrouve, avec un risque multiplié de hernie discale.

L'effet de surplomb

L'impact d'un séjour dans l'Espace peut aussi entraîner des conséquences psychologiques. Le spectacle envoûtant, magnifique, de la Planète bleue provoque un phénomène appelé « *overview effect*[1] » ou « effet de surplomb ». Il se caractérise par une prise de conscience de la fragilité de la Terre et de sa beauté, une expérience unique qui rendrait plus sensible à l'urgence climatique, à l'écologie, mais serait aussi vécue comme quelque chose de mystique par certains, de très angoissant par d'autres,

1. Voir à ce sujet le livre de Frank White, *The Overview Effect : Space Exploration and Human Evolution*, AIAA, 1987.

en tout cas assez difficile à décrire, presque indicible.

Voici comment en parle l'astronaute français Jean-François Clervoy, qui a participé à trois missions spatiales avec la NASA, astronaute sénior de l'ESA et fondateur d'Air Zero G : « Ça défile très vite, on fait le tour de la Terre en une heure et demie. C'est tellement extraterrestre d'un point de vue sensoriel [...]. Vous n'avez jamais vu la Terre sur un arrière-plan totalement noir qui donne l'impression d'être vide à l'infini. [...] Toutes les quarante-cinq minutes, le Soleil se lève ou se couche. [...] On voit que [la Terre] est finie, colorée, et qu'elle est vivante : vous voyez des ouragans, vous voyez des éclairs qui éclairent les nuages de l'intérieur, qui se propagent comme s'ils se donnaient la main d'un nuage à l'autre sur des centaines de kilomètres à la ronde. Vous voyez des traces laissées par des impacts d'astéroïdes il y a des dizaines, des centaines de millions d'années, et vous réalisez que la Terre a sa propre vie climatique, tectonique, cosmique. La première expérience de l'"*overview effect*", c'est l'expérience sensorielle. Vous voyez un paysage qui ne ressemble à rien que vous ayez jamais vu de vos propres yeux. La sensation provoque l'émotion d'émerveillement. Et cet émerveillement une fois passé, vient l'interrogation intellectuelle : finalement, la planète, c'est quoi ? C'est un vaisseau spatial. Comment la vie est apparue ? Comment ça fonctionne ? Nous sommes tous là et nulle part ailleurs. Et vient la question plus spirituelle : comment s'est-elle formée ? Qui l'a créée ? Qui ou quoi ? On se dit : "C'est plus beau que je ne pouvais l'imaginer, c'est plus beau que le plus beau des tableaux peints par le plus grand des peintres[1]." »

Jean-François Clervoy explique encore que, une fois la journée de travail terminée à bord, les astronautes prennent parfois sur le temps du sommeil, les yeux rivés vers l'extérieur, à travers le hublot pour admirer le spectacle : « Quand vous ne pensez plus au travail, vous regardez la Terre qui défile, et vous flottez, et vous ne sentez plus

---

1. Entretien accordé par Jean-François Clervoy à la radio RCF le 17 janvier 2023, autour de son livre coécrit avec Frank Lehot, *Entretiens avec un astronaute. 100 questions sur la Terre, l'espace et notre avenir*, aux éditions De Boeck Sup, 2022.

votre corps, vous allez jusqu'à oublier que vous avez un corps, vous vous ressentez être devenu juste une conscience flottante, plus besoin de corps charnel, vous flottez, vous regardez la Terre, et vous [...] êtes juste une pensée consciente qui vit une expérience extraterrestre, et vous vous posez des questions sur votre destinée d'humain : pourquoi je suis là ? Quel est mon rôle dans la vie ? D'où je viens[1] ? »

Ce n'est donc pas un hasard si la médecine et l'équilibre psychique, psychologique, prennent une place prépondérante dans la sélection des astronautes. Il faut des personnes jeunes, en très bonne santé, que ce soit sur le plan physique ou mental, afin d'éviter l'aggravation d'une fragilité déjà présente lors du séjour dans l'Espace.

Loin du héros ou du surhomme, l'astronaute est donc avant tout, au-delà des expériences scientifiques qu'il réalise lors de sa mission, un sujet expérimental touché de manière accélérée par plusieurs symptômes

1. *Ibid.*

de maladies[1]. Un sujet d'expérience permettant de faire avancer la médecine pour notre bien à tous.

1. Voir à ce sujet l'article « Comment soigner dans l'espace ? », publié dans la revue *Pour la science*, d'avril 2022, cosigné avec Thierry Séamus, médecin anesthésiste réanimateur au groupe hospitalier de Bretagne-Sud, et le chercheur associé au LP3C de l'université de Bretagne-Sud Mathieu Komorowski, médecin anesthésiste réanimateur à l'hôpital Charing Cross de Londres, maître de conférence à l'Imperial College, et Adrianos Golemis, médecin des astronautes auprès de l'ESA, à Cologne, et membre de l'Institut de médecine et physiologie spatiale de Toulouse.

7
Le futur de l'Espace

Au-delà des belles photos de la Terre, de l'image héroïque des astronautes et des décollages spectaculaires dans un panache de flammes et de fumées, quelle est vraiment l'utilité d'aller en orbite ? Pourquoi explorer l'Espace ?

L'idée d'un voyage vers Mars fait rêver les passionnés de science-fiction mais le chemin pour accomplir un tel exploit est encore semé d'embûches[1]. Nous avons d'ailleurs vu ensemble les effets d'un séjour de quelques mois en orbite terrestre basse sur le corps humain… En attendant, je suis convaincue

1. Ne serait-ce que la durée du voyage : trois jours au maximum pour rejoindre la Lune, plusieurs mois pour Mars.

que l'exploration spatiale, y compris la perspective d'une exploration martienne, doit surtout ouvrir la voie à des avancées scientifiques et médicales qui peuvent améliorer le bien-être de l'humanité, ici et maintenant.

L'Espace est un environnement hostile et risqué pour l'humain. Que faire si, à 400 km de la Terre – ou encore plus loin –, l'état de santé d'une personne nécessite une intervention d'urgence ou des soins spécialisés ? Comme pour les sous-mariniers confinés plusieurs semaines en mer, dans un espace restreint où une évacuation médicale rapide est compliquée, le facteur santé doit être anticipé dans l'Espace. Les équipages doivent pouvoir gérer l'imprévu de la façon la plus autonome possible.

Médecine et brancards de l'Espace

En orbite basse, c'est-à-dire par exemple à bord de l'ISS, les astronautes sont suivis en permanence depuis la Terre par des médecins depuis les centres de contrôle de mission. Par ailleurs, des dispositifs médicaux existent à bord de l'ISS, des médicaments, des échographes, holters, tensiomètres, analyseur portatif sanguin, un « kit médical avancé de support de vie » comprenant un respirateur, un défibrillateur, du matériel d'intubation et des médicaments utilisés lors des réanimations, en clair, un dispositif de déchocage portatif. Reste que, en cas d'urgence vitale, il faut savoir utiliser ce matériel, faire les gestes techniques nécessaires, et très peu d'astronautes sont médecins ou issus du milieu médical. Même si l'entraînement de base comprend une formation aux premiers secours, à l'anatomie, la physiologie, l'art de la suture… c'est insuffisant pour couvrir toutes les situations médicalement critiques. Alors que faire en cas d'urgence vitale à bord de l'ISS ? Premièrement, l'ISS n'est « pas si loin », c'est la raison pour laquelle nous ne constituons pas (encore) d'équipages fonctionnels, comme je l'ai expliqué, car il n'est pas impossible, voire si difficile de redescendre un équipage en urgence. Deuxièmement, nous travaillons et comptons beaucoup sur le support technologique.

La télémédecine ou téléassistance médicale, comme sur Terre, peut permettre de régler une partie du problème. Mais dans la perspective de missions lunaires de longue durée ou d'un voyage vers Mars, c'est-à-dire dans l'Espace plus profond, la question de l'urgence médicale se pose différemment. Impossible aujourd'hui d'envisager une évacuation ou un ravitaillement d'urgence, sans parler des difficultés de communication avec la Terre, quand les échanges réciproques mettront plusieurs dizaines de minutes à parvenir à leurs destinataires. Comment allons-nous constituer les équipages ? Pourrons-nous continuer à avoir une redondance et une remplaçabilité des astronautes jusqu'au dernier moment ? Comment allons-nous les entraîner de façon à augmenter la durée de rétention des informations ? Allons-nous devoir confier certains gestes à des robots ou des analyses diagnostiques à de l'intelligence artificielle ?

Je travaille actuellement sur ce sujet avec le Centre européen de réalité virtuelle de Brest[1]. Le concept est le suivant : grâce à des lunettes de réalité augmentée et à travers l'utilisation

1. Plate-forme de recherche scientifique de l'école nationale d'ingénieurs de Brest.

de l'intelligence artificielle, un médecin virtuel pourrait guider les gestes de l'astronaute lors de situations d'urgence, notamment pour des gestes techniques, y compris invasifs. On l'a vu, tous les astronautes ne sont pas anesthésistes réanimateurs, et, malgré leur formation médicale, il sera compliqué d'appliquer une procédure apprise six mois plus tôt si l'on est sur la Lune ou dans un vaisseau en partance vers Mars.

Concrètement, imaginez un équipage sur la Lune ou en voyage dans l'Espace profond, dont un des membres est inconscient et subit une défaillance physiologique grave. Il sera alors possible d'aller chercher un kit de secours, de s'équiper des lunettes de réalité augmentée qu'il contient notamment, et de dialoguer avec un médecin virtuel qui guidera les mouvements, fera un premier diagnostic sur la base d'une anamnèse, et suivra en direct l'évolution du patient au travers d'un électrocardiographe portatif et d'un holter – autant de machines connectées.

Plusieurs autres projets sont en cours, tels que la mise en place de dispositifs de musculation démontables, que l'on peut transformer en exosquelette pour aider à des gestes de premiers secours comme un massage cardiaque qui nécessite force et endurance, ou encore des recherches en neurosciences sur la gestion et l'autocontrôle de la température corporelle en situation de stress, de froid intense ou de forte chaleur.

Un autre projet sur lequel nous travaillons est l'IVA Stretcher, c'est-à-dire un « brancard intelligent », très informatisé. L'objectif ici est d'avoir un brancard qui prenne en compte dans sa mise au point toutes les contraintes liées à une mission spatiale : un objet compact, fabriqué avec des matériaux très résistants mais légers, nécessitant peu d'entretien et de maintenance. Cet outil extrêmement fonctionnel, une fois déployé, permettrait d'y installer un patient en état de santé dégradé, de le maintenir immobile – un peu comme les civières-coques gonflables utilisées par les services de secours – et, de manière autonome, de stabiliser une température adéquate du corps tout en mesurant les constantes en temps réel, pour les transmettre à une équipe médicale pouvant être située à plusieurs centaines de milliers de kilomètres.

Au niveau des brancards, nous avons déjà en France le MORPHEE[1]. Vous avez pu les voir lors des évacuations sanitaires de patients en coma artificiel par TGV ou avion durant le confinement du début de l'année 2020, lorsqu'il fallait opérer des transferts pour désengorger certains hôpitaux. Mais un MORPHEE est massif, lourd et très cher. L'idée, en quelque sorte, serait de développer des MORPHEE plus légers, moins volumineux, pour les situations très dégradées. Ils pourraient servir dans les pays en voie de développement qui ont peu de moyens, mais aussi dans certaines zones rurales, en les couplant si nécessaire avec les autres dispositifs, notamment celui d'assistance médicale, en recourant à la réalité augmentée et à l'intelligence artificielle.

Toutes ces recherches, ces projets d'avenir, nous permettent d'améliorer les dispositifs déjà existants sur l'ISS, mais également de développer des outils technologiques qui serviront pour des missions lunaires ou martiennes. Mais, en attendant, de tels outils peuvent être

1. Module de réanimation pour patient à haute élongation d'évacuation.

utilisés sur Terre, dans les avions, dans les trains, dans des établissements de soins, et surtout dans le cadre de catastrophes, dans des contextes dangereux et dégradés, lorsque l'envoi immédiat d'une équipe médicale complète ou une évacuation sanitaire rapide sont inenvisageables.

Le fait d'étudier tous les paramètres nécessaires à un voyage dans l'Espace, vers Mars par exemple, ou à une installation d'équipes sur la Lune pour du long terme, permet donc de développer des outils et des technologies maniables ici et maintenant ou dans un futur proche. Ce qui vaut pour la médecine vaut également pour de nombreux autres domaines, notamment la défense et l'industrie.

L'avenir de la mayonnaise est-il au-dessus de nos têtes ?

Il en va ainsi des émulsifiants, utilisés un peu partout : pour fabriquer des shampoings, des gels douche, des crèmes, ou encore dans l'industrie alimentaire, le nucléaire ou les hydrocarbures. Exemple tout simple : lorsque vous faites une mayonnaise, vous ne pouvez pas faire tenir ensemble l'huile et le vinaigre indéfiniment, à cause de la gravité. On dit que ces deux fluides ne sont pas miscibles : l'huile a une densité plus faible que celle du vinaigre. Si vous mélangez les deux (par émulsification, par agitation mécanique, en secouant, quoi...), l'huile va se diviser en gouttelettes au milieu du vinaigre mais va très vite à nouveau s'en séparer pour flotter à la surface du vinaigre. Pour que les deux tiennent un peu plus longtemps, vous allez donc prendre un jaune d'œuf comme émulsifiant naturel, c'est-à-dire comme élément qui va stabiliser l'émulsion de deux fluides qui ne peuvent se mêler naturellement de façon homogène. De même pour une vinaigrette, la moutarde sera utilisée comme émulsifiant.

En impesanteur, le comportement des émulsions est sensiblement différent de celui observé sur Terre. En absence de phénomènes de sédimentation et de crémage, leur stabilité est accrue, leur distribution est uniforme et la coalescence (fusion des gouttelettes) est modifiée. L'impesanteur offre la possibilité de créer des structures d'émulsion qui seraient instables ou impossibles à maintenir sur Terre.

La capacité d'observer le comportement de fluides sans qu'ils soient assujettis par la gravité est une formidable occasion d'étudier leurs propriétés intrinsèques et d'améliorer des procédés industriels. Cela pourra permettre par exemple d'améliorer les propriétés de certaines émulsions dans le domaine alimentaire, mais aussi dans les hydrocarbures ou le nucléaire.

Le spatial, son côté aventure mais aussi heuristique, est donc selon moi un véritable tremplin pour travailler sur des projets prometteurs et potentiellement bénéfiques à tous. Il s'agit, ni plus ni moins, d'un transfert de technologies développées pour l'Espace au profit de l'humain sur Terre.

8

Un terrain de jeu pour milliardaires

Jusqu'au début des années 2000, l'Espace est quasiment resté la chasse gardée des États et des institutions. Ils y menaient des missions dans un but scientifique (recherches en impesanteur, satellites et télescopes d'observation, satellites de météorologie) ou géopolitique (« course » à la conquête spatiale entre l'URSS puis la Russie et les États-Unis, espionnage et satellites de défense, construction de la Station spatiale internationale avec une visée d'études mais avant tout de coopération pacifique internationale). Concernant les sociétés privées, seuls de gros industriels, essentiellement dans les télécommunications (satellites de télévision, radio, Internet, téléphonie...), avaient réussi à intégrer ce domaine.

Ainsi, en la matière, l'entreprise européenne de lancement de satellites est française, et très loin d'être une « *start-up* », puisqu'il s'agit d'Arianespace, dont les lanceurs décollent depuis le centre spatial de Kourou (Guyane française), propriété du CNES. Le capital social de la société, fondée en 1980, a d'abord été détenu par le CNES et trente-six industriels européens impliqués dans le développement des lanceurs. Ses deux principaux actionnaires (à hauteur de 73 %) sont aujourd'hui Airbus et Safran, regroupés au sein d'ArianeGroup[1]. Les clients d'Arianespace ? Des États, de nombreuses sociétés de télécommunications (Eutelsat, Intelsat, SES[2], Amazon) ou encore l'Union européenne pour des lancements de satellites d'observation (Copernicus), de positionnement (Galileo) et pour l'Internet global (IRIS2[3]).

Mais l'Espace est aussi devenu un terrain de jeu pour quelques milliardaires de renommée

1. Société créée en 2015, dont Arianespace est une filiale.

2. Société européenne des satellites.

3. Constellation européenne de quelque 300 satellites, prévue pour 2030.

internationale, et rien ne semble pouvoir arrêter ce mouvement. J'aimerais prendre quelques exemples emblématiques.

Elon Musk, patron de Tesla, emmène avec Space X des astronautes vers la Station spatiale internationale. Il ambitionne aussi, entre autres, de développer le tourisme spatial. De son côté, Jeff Bezos, fondateur d'Amazon et de la société de lancements Blue Origin, tente lui aussi d'emmener des « touristes » dans l'Espace. Côté institutionnel, il a décroché en mai 2023 un contrat avec la NASA pour construire un alunisseur afin d'emmener des astronautes à la surface de notre satellite naturel, au cours de la future mission Artemis 5. Dans ses projets, on compte également le développement de sa propre station orbitale. Richard Branson, patron de Virgin Galactic, est lui aussi positionné sur le créneau du tourisme spatial. Chacun d'eux vise la planète Mars. Ils envisagent même la nécessité de devoir un jour quitter la Terre et rêvent d'installer une grande colonie humaine dans l'Espace, au sein d'immenses stations orbitales, ou sur Mars, dans un vaste écosystème terrestre artificiel enfermé dans une gigantesque bulle à la surface de la Planète rouge.

Un univers où seraient recréés à l'identique des mégapoles et des villages…

Le 6 février 2018, lors de son vol inaugural, la fusée *Falcon Heavy* de la société spatiale Space X, fondée par Elon Musk – qui a racheté Twitter, devenu X, fin 2022 –, envoyait dans l'Espace une Tesla Roadster rouge, avec au volant un mannequin d'astronaute. La voiture, utilisée comme charge utile lors de ce premier vol et placée sur une orbite héliocentrique, était, à l'été 2024, à plus de 223 millions de kilomètres de la Terre, quelque part entre Mars et le Soleil, soit à près de 600 fois la distance entre notre planète et la Lune[1]. Histoire que le spectacle soit complet, l'astronaute factice a été baptisé « Starman », en hommage au titre de David Bowie sorti en 1972. Et le lancement s'est fait en musique avec *Space Oddity*.

Le 16 novembre 2020, Space X Crew 1 était lancée du centre spatial Kennedy, en Floride, avec à son bord des astronautes, afin de rejoindre la Station spatiale internationale. Encore la société d'Elon Musk mais, cette

1. Le site whereisroadster.com permet même de suivre le véhicule en temps réel.

fois-ci, servant de véhicule de transport vers l'ISS pour une mission scientifique. La mission est institutionnelle, l'entreprise du milliardaire étant un simple prestataire dans le cadre d'un appel d'offres qu'elle a remporté. Mais l'objectif de Space X est bien de se rendre incontournable, tant dans le domaine du spatial commercial qu'institutionnel et politique, avec une capacité novatrice autonome et en se donnant les moyens d'organiser elle-même des missions. La société d'Elon Musk a ainsi démontré sa détermination et ses capacités avec la mission Polaris Dawn : le premier vol intégralement commercial dans l'Espace de quatre « civils » en orbite, durant cinq jours, en septembre 2024, avec la sortie extravéhiculaire de deux d'entre eux à 700 km d'altitude. Son but était notamment de tester les combinaisons spatiales élaborées par l'entreprise, avec l'objectif d'une nouvelle « conquête spatiale » ouverte à l'humanité.

Et Musk n'est pas le seul. Le 9 juillet 2021, c'est Richard Branson, patron de la société Virgin Galactic, qui décollait à bord de son avion spatial *VSS Unity*, pour un vol proche de la limite entre l'atmosphère terrestre et l'Espace. Il a été suivi de peu par Jeff Bezos, à bord d'une petite fusée réutilisable de sa société spatiale, Blue Origin.

Le 8 décembre 2022, le milliardaire japonais Yusaka Maezawa, fondateur de « Zozotown », le plus gros site de vente de vêtements en ligne au Japon, dévoilait la liste des huit membres d'équipage qui devaient l'accompagner lors d'un voyage Terre-Lune aller-retour. Censé avoir lieu initialement en 2023, il a finalement été reporté en raison des retards de développement du modèle de fusée Starship, devant permettre d'effectuer ce voyage. Yusaka Maezawa, qui a fini par annuler sa participation en raison de ces retards, avait passé douze jours à bord de l'ISS, emmené à son bord par une capsule russe Soyouz, en décembre 2021. Mais le projet, lui, est maintenu.

Le 19 mai 2024, la fusée *New Shepard*, de la société spatiale de Jeff Bezos, décollait du Texas pour emporter à 100 km d'altitude une capsule avec à son bord six « touristes » – dont un Français, Sylvain Chiron, patron savoyard de la Brasserie du Mont-Blanc. Un vol de dix minutes destiné à vivre l'impesanteur (durant trois minutes !) et à profiter du spectacle magnifique de la Terre vue de la limite entre l'atmosphère et l'Espace. Le milliardaire américain réussissait ainsi son septième tir dans le domaine du « tourisme spatial ».

Les milliardaires sont même en mesure, aujourd'hui, de griller la politesse aux astronautes institutionnels qui s'entraînent des années durant avant d'espérer pouvoir rejoindre la Station spatiale internationale. Ainsi, la société privée américaine Axiom Space[1], spécialisée notamment dans les vols commerciaux habités, peut « louer » des places sur l'ISS pour y envoyer des astronautes « touristes » avec une formation d'une durée de… quinze semaines. Le premier séjour de ce type, d'une durée de dix jours, a eu lieu en avril 2022. Il peut aussi s'agir d'astronautes de pays qui ne participent pas financièrement au programme des vols habités ou n'ont aucune sélection d'astronautes proposant des cursus de formation classique.

1. Axiom Space a été fondée en 2016 par Michael Suffredini, ancien chef de programme de l'ISS au sein de la NASA pour laquelle il travailla de 2005 à 2015, et l'homme d'affaires Kamal Ghaffarian.

Aucun d'entre eux ne sera entraîné pendant sept ans. *Money is money…*

De leur côté, Bezos comme Musk sont embarqués dans une course au développement de projets visant un voyage vers Mars, voire l'installation de colonies humaines sur cette planète. Ainsi, le 28 septembre 2016, à Guadalajara, au Mexique, Musk intervient au Congrès international de l'astronautique pour présenter son projet Space X Mars. Il s'agit d'installer durablement l'humain sur Mars, en recréant à la surface de la Planète rouge, sous dôme, l'environnement terrestre des habitations, des villes. Son credo ? « Rendre le voyage spatial aussi simple que le voyage aérien. » En 2019, Bezos présente de son côté un projet de base orbitale, flottant dans l'Espace, un gigantesque cylindre translucide rempli de paysages, de villages…

Et lorsqu'ils ne travaillent pas sur des projets parfois dignes de films de science-fiction, les « génies » milliardaires sans limites se battent pour le déploiement de constellations de satellites visant à permettre une connexion Internet partout sur la planète, y compris dans les coins les plus reculés. Elon Musk tire le premier en 2018, avec le projet « Starlink », qui consiste à déployer, tel un vaste filet enveloppant la Terre, des dizaines de milliers de satellites. Bezos répond quelques mois plus tard avec le même type de projet – Internet haut débit – baptisé « Kuiper ». Musk, en avril 2019, lui adresse publiquement le message suivant depuis son compte officiel Twitter : « Copy ».

Dans cette bataille, Elon Musk ira même jusqu'à se mêler de géopolitique. En 2022, celui qui sera nommé deux ans plus tard « ministre de l'Efficacité gouvernementale » par Donald Trump fournit alors à l'Ukraine des milliers de terminaux de sa constellation de satellites Starlink, avant de se sentir pousser des ailes au point de faire ses propositions de plan de paix avec la Russie[1]…

Ces activités ne sont pas sans poser de problèmes, même pour la recherche scientifique : lorsqu'elles ne sont pas confondues avec des OVNI, les constellations de satellites déployées

1. « Guerre en Ukraine : les propositions d'Elon Musk passent mal », article sur le site de France Info, daté du 15 octobre 2022.

en orbite basse par la société d'Elon Musk perturbent les observations astronomiques. En effet, les satellites Starlink causent des reflets du Soleil qui interfèrent avec les observations. Alignés par dizaines, ces satellites forment un véritable « train » lumineux traversant la nuit ou, comme le décrivent certains astronautes, un « collier de perles » étendu à l'horizontale. L'astronomie, qui repose sur des calculs de luminosité et des techniques optiques précises, en est directement affectée : une photo de l'Espace prise depuis la Terre – qu'il s'agisse d'une planète ou d'un amas d'étoiles – peut être gâchée si une trace lumineuse artificielle, issue des Starlink éclairés par le Soleil, la traverse. Et Elon Musk prévoit de placer 42 000 de ces satellites en orbite. Les réseaux sociaux sont d'ailleurs remplis de témoignages de personnes s'interrogeant sur la nature de ces « serpents lumineux » très visibles dans le ciel nocturne.

L'impact de ces myriades de satellites sur les observations des astronomes depuis la Terre est tel qu'un accord a dû être trouvé entre Space X et les scientifiques du ciel, afin de tenter de réduire ces nuisances – annoncé le 10 janvier 2023, lors du 241e congrès de l'AAS[1]. L'objectif serait de limiter les reflets produits par les satellites éclairés par le Soleil, notamment en les fabriquant de couleur noire, voire en les équipant de pare-soleil.

Si les astronomes se montrent dubitatifs quant à l'efficacité de ce dispositif, Starlink risque de poser d'autres problèmes. Dans une lettre du 8 février 2022 à la FCC[2], la NASA s'inquiète en effet du déploiement de 30 000 nouveaux satellites Starlink, qui utilisent une orbite basse de 500 à 600 km, en raison du risque de collision que présente ce grand nombre de satellites avec d'autres objets en orbite à cette altitude. Mais alors, comment y remédier ?

---

1. American Astronomical Society.
2. Federal Communications Commission, agence américaine de régulation des télécommunications, créée par le Congrès américain.

9

L'Espace, un nouveau Far West ?

Peut-on tout faire dans l'Espace, en s'exonérant du moindre code de bonne conduite ? Si un contrôle aussi strict que celui qui existe sur Terre en matière d'espace aérien ou maritime n'existe pas au-delà de notre atmosphère, des règles contraignantes permettent toutefois d'éviter d'y faire un peu n'importe quoi. En principe.

Ainsi, en 1967, l'Organisation des Nations unies met en place le « Traité sur les principes régissant les activités des États en matière d'exploration et d'utilisation de l'espace extra-atmosphérique, y compris la Lune et les autres corps célestes[1] ».

---

1. Le texte complet du traité est accessible en ligne avec ce lien : https://www.unoosa.org/pdf/gares/ARES_21_2222F.pdf

Son article premier stipule que « l'exploration et l'utilisation de l'espace extra-atmosphérique, y compris la Lune et les autres corps célestes, doivent se faire pour le bien et dans l'intérêt de tous les pays, quel que soit le stade de leur développement économique ou scientifique ». On pourrait souligner d'ailleurs que c'est pleinement dans cet état d'esprit que la Station spatiale internationale a été créée.

Son article 2 précise que l'Espace est à l'humanité tout entière et n'appartient pas à un pays ou à un autre : « L'espace extra-atmosphérique, y compris la Lune et les autres corps célestes, ne peut faire l'objet d'appropriation nationale par proclamation de souveraineté, ni par voie d'utilisation ou d'occupation, ni par aucun autre moyen. »

L'article 3 affirme le caractère pacifique attaché à l'utilisation de l'Espace : « Les activités des États parties au Traité [...] doivent s'effectuer conformément au droit international, y compris la Charte des Nations Unies, en vue de maintenir la paix et la sécurité internationales, et de favoriser la coopération et la compréhension internationales. »

Ce traité, qui pose des grands principes, est aujourd'hui signé par 109 pays. Il a ensuite été précisé au travers de quatre autres textes – deux accords et deux conventions[1]. On ne peut donc, en principe, pas faire ce que l'on veut. Mais si l'on prend par exemple l'accord sur la Lune, qui stipule entre autres que toute activité doit se faire sur la base de discussions internationales, il n'a été signé par quasiment aucun pays, et notamment pas par les États-Unis, la Russie et la Chine. Si la France l'a signé, elle ne l'a pas ratifié[2].

Toutefois, la mise en route du programme Artemis, c'est-à-dire le retour de l'Homme sur la Lune en 2026 et le projet d'installation durable d'une base lunaire, a permis de remettre au goût du jour le traité de 1967.

---

1. « Accord sur le sauvetage des astronautes, le retour des astronautes et la restitution des objets lancés dans l'espace extra-atmosphérique » (1968) ; « Convention sur la responsabilité internationale pour les dommages causés par des objets spatiaux » (1972) ; « Convention sur l'immatriculation des objets lancés dans l'espace extra-atmosphérique » (1975) ; « Accord régissant les activités des États sur la Lune et les autres corps célestes » (1979).

2. La signature exprime une intention, la ratification entraîne une obligation juridique.

En 2020, la NASA a ainsi proposé à la signature, au niveau international, les « accords Artemis », qui reprennent tous les principes du traité régissant l'exploration et l'utilisation de l'espace extra-atmosphérique, manière de remettre d'actualité les règles collectives d'un texte vieux de plus de cinquante ans, alors qu'un nouveau chapitre spatial s'ouvre. Au 12 novembre 2024, les accords comptaient 47 signataires, dont la France[1]. Mais pas la Russie ni la Chine.

Si la coopération internationale en matière d'Espace se passe jusqu'à présent sans encombre, des doutes ont surgi au moment du déclenchement de la guerre en Ukraine par la Russie en février 2022. Mais si cette dernière

1. La liste des signataires, au 12 novembre 2024, était la suivante : Allemagne, Angola, Argentine, Arménie, Australie, Arabie saoudite, Bahreïn, Belgique, Brésil, Bulgarie, Canada, Chili, Chypre, Colombie, Corée du Sud, Émirats arabes unis, Équateur, Espagne, Estonie, États-Unis, France, Grèce, Inde, Islande, Israël, Italie, Japon, Lituanie, Luxembourg, Mexique, Nigeria, Nouvelle-Zélande, Pays-Bas, Pérou, Pologne, république Dominicaine, Roumanie, Royaume-Uni, Rwanda, Singapour, Slovaquie, Slovénie, Suède, Suisse, République tchèque, Ukraine et Uruguay.

a suspendu ses activités à Kourou (Guyane française) d'où étaient lancées une partie des fusées Soyouz, le conflit n'a jusqu'à présent impacté ni les entraînements internationaux d'astronautes qui se poursuivent, y compris avec des astronautes russes, ni l'activité de la Station spatiale internationale. Le 21 septembre 2022, sept mois après le début du conflit, un vaisseau Soyouz décollait même de Baïkonour, au Kazakhstan, en direction de l'ISS, avec à son bord deux cosmonautes russes – Sergueï Prokopiev et Dimitri Peteline – et un Américain, Francisco Rubio.

Néanmoins, cette situation fragile peut-elle durer ? On l'a vu, le 15 novembre 2021, trois mois avant l'invasion de l'Ukraine, la Russie a procédé à un test de missile antisatellite conduisant à la destruction d'un de ses anciens satellites soviétiques. L'explosion a produit brutalement des milliers de débris et contraint les astronautes américains et russes, qui se trouvaient à bord de l'ISS, à se réfugier plusieurs heures dans leur capsule de descente, afin d'être prêts à évacuer en urgence si des dommages graves venaient à être causés à la Station, en cas de collision avec ces morceaux.

Si une catastrophe s'était produite, la responsabilité de la Russie aurait été engagée sur la base de la convention de 1972. Du moins, en principe, car en matière de débris spatiaux, tous les pays engagés dans les activités spatiales sont aujourd'hui responsables d'une pollution majeure.

Décharge spatiale

Il y aurait ainsi, gravitant au-dessus de nos têtes, plus de 130 millions de débris spatiaux, dont 5 400 de plus d'un mètre, 34 000 de plus de dix centimètres, et près d'un million de plus d'un centimètre[1]. Ce sont donc majoritairement des petits débris, mais tout cela n'en constitue pas moins un danger, notamment pour les satellites en activité et la Station spatiale internationale, surtout lorsque l'on sait que ces morceaux circulent en orbite à la vitesse de 25 000 km/h. Il faut bien avoir en tête ce qu'est l'ISS : un assemblage de modules, composant un ensemble de 110 m de long, 30 de hauteur

1. Voir à ce sujet « ESA'S annual space environment report », avril 2022.

et 74 de largeur, avec 2 500 m^2 de panneaux solaires. L'intérieur de la station est un volume de 900 m^3, le plus gros objet spatial artificiel en orbite autour de la Terre, à environ 400 km du sol, aujourd'hui occupé en permanence par des humains, les astronautes en mission. Autant dire qu'une collision majeure pourrait avoir des effets catastrophiques.

Sans aller jusqu'à ce scénario toujours possible, la conséquence immédiate est que la Station a dû effectuer au moins trente et une manœuvres pour éviter ces astéroïdes artificiels depuis 1999 (son assemblage avait commencé un an plus tôt).

Mais d'où viennent tous ces débris ? Eh bien, de tout ce que l'on a envoyé dans l'Espace. « Depuis 1957, le début de l'ère spatiale, des tonnes de lanceurs, de véhicules et d'instruments ont été envoyés dans l'espace. Il n'y avait alors aucune disposition relative à ce qu'il fallait en faire une fois qu'ils arrivaient en fin de vie. Leur nombre a continué à augmenter et les explosions et les collisions dans l'espace ont créé des centaines de milliers d'éclats de débris dangereux », souligne ainsi l'ESA dans une communication diffusée après la publication de son rapport annuel 2022 sur l'environnement spatial.

Depuis, les préoccupations environnementales ont heureusement progressé et l'Agence déclare que « l'analyse méthodique du changement des attitudes dans l'espace, en ce qui concerne l'adoption de mesures d'atténuation de débris, nous donne des raisons de nous montrer prudemment optimistes ». Mais, comme certains pays tentent de le faire – difficilement – en matière de réchauffement climatique sur Terre, l'Agence appelle de ses vœux une prise de conscience générale concernant l'Espace et notamment un investissement « soutenu dans de nouvelles technologies destinées à passiver et désorbiter des missions ». Cela « permettrait à notre environnement de faire face à l'augmentation continue du trafic spatial et aux opérations de plus en plus complexes », indique-t-elle. L'enjeu est ainsi résumé par l'Agence : « Si nous continuons à créer des débris, nous pourrions en arriver au syndrome de Kessler, un scénario dans lequel la densité des débris en orbite terrestre basse est suffisamment forte pour que les collisions entre les objets et les débris créent une réaction en chaîne, chaque collision générant des débris qui augmentent à leur tour la probabilité de collisions supplémentaires. À ce stade, certaines orbites autour de la Terre deviendraient complètement inhospitalières. »

Si des actions ont été entreprises pour améliorer la constitution de ce que nous lançons – notamment pour éviter la production de débris par détachement ou explosion –, l'ESA a aussi financé les travaux d'une *start-up* suisse, la société ClearSpace, qui prévoit d'entreprendre à l'horizon 2026 la première mission de récupération d'un débris dans l'Espace. L'opération consiste en la récupération d'un reste de fusée Vega à l'aide d'une machine semblable à une sorte d'araignée équipée de quatre pattes pour saisir l'objet et le désorbiter. L'ensemble « tombera » ensuite vers la Terre, l'essentiel brûlant lors du retour dans l'atmosphère. Tout a été prévu concernant la trajectoire pour que les éventuels débris restants ne touchent pas des zones habitées.

Mais le travail à accomplir reste énorme – voire impossible ? – pour « nettoyer » la banlieue de la Terre. Et même si la préoccupation environnementale semble désormais toucher également les activités spatiales, qu'en est-il justement dans un contexte où des sociétés industrielles privées s'intéressent de plus en plus au marché que représente l'Espace, y compris et notamment en matière de tourisme ?

En ce sens, fallait-il laisser Elon Musk envoyer une Tesla en orbite vers Mars ? L'exploit technique et industriel pour cette société privée, Space X, est bien réel, puisqu'il s'agissait du premier tir de cette nouvelle fusée avec une charge mise en orbite. En revanche, ce lancement n'a rien apporté, ni à la science ni à l'humanité (à part le spectacle des images), et le véhicule n'a fait que rejoindre les déchets que nous envoyons depuis que l'être humain a commencé à lancer des fusées.

Certes, cette énième « boîte de conserve » n'est pas proche de la Terre, autour de laquelle gravitent une kyrielle de débris divers (morceaux de fusée, vieux satellites qui ne sont plus opérationnels, débris de ceux-ci, etc.). Elon Musk n'aurait-il pas pu mettre quelques millions de dollars sur la table pour le nettoyage des débris spatiaux plutôt que d'en envoyer un de plus ? De la même manière que l'on se préoccupe des continents de plastique que nous avons créés à la surface des océans, mortels pour tout un écosystème, ne devrions-nous pas nous préoccuper un peu plus de la véritable décharge que nous avons installée autour de notre planète ?

Espace maritime, espace aérien, Espace tout court…

Les images cartographiques des débris spatiaux donnent l'impression qu'un nouveau continent extraterrestre est en cours de formation ; l'analogie avec les continents flottants de déchets dans les mers et océans est tout à fait pertinente. Il existe de nombreuses similitudes entre l'espace maritime et l'espace extra-atmosphérique, l'Espace tout court… bien qu'on songe plus spontanément au milieu spatial comme l'extension de l'espace aérien.

En 2021, j'ai proposé ma candidature au Centre stratégique d'études de la marine nationale (CESM)[1], déjà inspirée par des parallèles

1. Voir le site internet du CESM qui en précise ainsi les missions : « Héritier de l'École supérieure de guerre navale, le CESM contribue à une meilleure compréhension et diffusion des grands enjeux maritimes et navals. S'appuyant sur les liens tissés avec la société civile, *think tank*, universités, réservistes, il participe au

entre la mer et l'Espace. La distance, la profondeur, l'inconnu : autant de points communs frappants. Les abysses, par exemple, sont si profonds et peu explorés qu'on en connaît mal les contours, tout en réalisant leur intérêt stratégique croissant, un peu comme l'Espace. De même, l'océan prend une importance stratégique, économique, militaire, écologique. Comme la mer, l'Espace pourrait devenir un vaste territoire de revendications territoriales, avec des enjeux similaires : ressources gigantesques, circulation et, possiblement, des phénomènes de piraterie en orbite basse et de pratiques corsaires au service d'États opérant dans l'ombre.

En somme, la mer est une interface mondiale de communication, à l'image de l'Espace. Dans le domaine maritime, les nations ont engagé une réflexion approfondie sur les enjeux de connaissance scientifique, de protection écologique, de défense, de sécurité nationale, de territorialité et de dissuasion. Pourtant, bien que les similarités soient frappantes, la réflexion globale autour de l'Espace reste limitée aux

---

rayonnement de la marine, et est responsable du pilotage de la réserve citoyenne de la marine. »

notions de découverte et de connaissance, laissant en friche des aspects cruciaux malgré les fragiles traités internationaux.

Dans l'espace aérien, les mêmes préoccupations stratégiques et de défense sont bien établies, avec des frontières fixées à la ligne de Kármán, marquant la limite de l'atmosphère terrestre à 100 km. Mais au-delà, la gouvernance reste à inventer. L'espace aérien, outre ses enjeux de sécurité, s'est transformé depuis longtemps en une zone de circulation économique et touristique essentielle, dont les bénéfices sont clairs. Toutefois, que nous apportent réellement les expériences de tourisme spatial ? Certes, les capsules et lanceurs réutilisables ont minimisé les débris spatiaux, mais la pollution résultant du carburant, des émissions de CO_2, et des impacts sur la haute atmosphère demeure préoccupante, avec des bénéfices pour l'humanité encore limités.

En conclusion, l'exploration spatiale est un domaine complexe où une approche « maritime » semble indispensable. D'ailleurs, d'*Albator* à *Star Wars*, les confrontations spatiales sont des histoires de corsaires et d'amiraux.

La nouvelle ruée vers l'or… spatial

Avez-vous vu le film apocalyptique *Don't Look up* ? Le richissime Peter Isherwell, génie de la technologie et qui prétend à travers celle-ci conduire l'humanité entière vers un monde meilleur, organise une mission pour faire exploser, à proximité de la Terre, la comète qui la menace, afin d'en exploiter les ressources.

Cet aspect-là du film pourrait éventuellement devenir réalité. Sur les astéroïdes, certains pays ambitionnent ainsi de créer des exploitations minières. Il s'agit ici de dévier la trajectoire d'un astéroïde intéressant en raison des ressources : eau, métaux, terres rares qu'il contient, afin de le rapprocher de la Terre, puis de les exploiter grâce à des aller et retour. Une autre option consisterait à faire capturer de petits astéroïdes très véloces par un robot qui les rapporterait sur une orbite avec une station de minage. L'idée est bien réelle, même si tout cela est encore à l'état de projet.

Et de la même façon qu'il est possible de mener des programmes scientifiques en impesanteur, il devient envisageable de construire autrement que sur Terre, où les règles de fabrication sont entièrement conditionnées par la gravité. Dans certains secteurs industriels, s'affranchir de la gravité terrestre pourrait ouvrir d'immenses possibilités. Dans le domaine de l'impression 3D, par exemple, cela permettrait de développer la bio-impression, une technologie qui pourrait un jour produire des tissus biologiques ou même « fabriquer » des organes.

En conséquence, de grands contrats se dessinent entre les acteurs du spatial commercial et de puissants industriels, dans l'idée de mettre en orbite des usines. Bien que les secteurs concernés n'aient pas encore été révélés, je pressens que les supraconducteurs et la bio-impression sont deux des premières applications envisagées.

La course qui démarre ne concerne pas que les touristes ou les industriels, mais également les États. La Chine a achevé en novembre 2022 l'assemblage en orbite de sa propre station spatiale, la CSS[1], qu'elle dessert

1. China Space Station.

par ses propres moyens, et travaille à l'installation d'une base de recherches sur la Lune. Pendant ce temps, la NASA, en collaboration avec l'Europe au travers de l'Agence spatiale européenne, le Canada (avec son agence spatiale ASC) et le Japon (agence spatiale JAXA), a entamé la première phase de son programme Artemis vers notre satellite naturel. L'Inde, de son côté, a réussi l'alunissage, le 23 août 2023, de sa sonde Chandrayaan-3.

Et ce qui vaut pour l'orbite basse vaut donc également pour la Lune, ainsi que Mars et les milliers d'astéroïdes qui gravitent dans l'Espace. Parce que, au-delà des rêves un peu fous de quelques milliardaires, de la fabrication en impesanteur ou de la course à l'Espace des États, c'est aussi l'exploitation des ressources spatiales à des fins industrielles qui est aujourd'hui lancée.

En novembre 2015, les États-Unis ont promulgué le *Space Act*, une loi qui permet aux industriels américains de prospecter et d'exploiter les ressources minières des corps célestes, notamment la Lune, sans toutefois inclure la revendication d'une propriété de notre satellite naturel, ce qui reviendrait à violer le Traité de l'Espace de 1967. En 2017, le Luxembourg, intéressé aussi, a adopté le même type de loi que les États-Unis.

Qu'un État puisse revendiquer la propriété d'une partie de la Lune semble une menace bien réelle, au point de susciter une mise en garde de Bill Nelson, l'administrateur de la NASA. Ce dernier, dans un entretien accordé au média américain *Politico* le 1er janvier 2023, explique que, selon lui, il n'est pas inconcevable que la Chine le fasse[1]. Et la Russie ? Il ne s'agirait pas nécessairement de stratégie géopolitique ou de défense, mais aussi beaucoup d'enjeux économiques. Parce que la Lune peut être forée, ses minerais exploités. Tout comme les astéroïdes. Elle peut également servir de base de lancement pour des missions spatiales futures.

« L'exploitation des ressources spatiales n'a, aujourd'hui, plus rien du scénario de science-fiction », peut-on en outre lire dans un rapport officiel sénatorial détaillé de 177 pages, intégralement consacré à ce sujet et rendu

1. « "We better watch out", NASA boss sounds alarm on Chinese moon ambitions », *Politico*, 1er janvier 2023.

public en juin 2023[1]. « Les missions de retour d'échantillons, sur des astéroïdes comme sur la Lune ou sur Mars, constituent l'un des enjeux majeurs de la compétition entre grandes puissances spatiales. »

Mais de nombreux écueils subsistent. Ainsi, « l'ensemble des échantillons d'astéroïdes rapportés sur Terre à ce jour », à l'occasion de missions spatiales, « représente moins de sept grammes, pour un coût cumulé de plus de deux milliards de dollars [...]. À l'inverse, à supposer qu'il soit un jour possible de rapprocher de la Terre un astéroïde riche en métal précieux, le prix de celui-ci chuterait drastiquement. En d'autres termes, souligne le rapport, le minage d'astéroïdes pose à la fois un problème de faisabilité technique et de viabilité économique ».

Prendre possession d'un corps céleste revêt aussi des enjeux géopolitiques. Si un État décrétait qu'un morceau de la Lune, ou tout

---

1. Rapport d'information des sénatrices Christine Lavarde et Vanina Paoli-Gagin, fait au nom de la délégation sénatoriale sur l'exploitation des ressources spatiales.

notre satellite naturel, faisait partie de son territoire, la crise diplomatique serait énorme. Mais quelle réaction pourrions-nous avoir si ce n'est porter l'affaire devant la Cour internationale de justice en vertu du Traité de l'Espace ? Et qui irait le déloger dans la mesure où il n'existe ni police ni force armée de l'Espace ?

10
Encadrer sans interdire

Les agences spatiales, les gouvernements, le grand public… tous semblent fascinés par les exploits et les ambitions des milliardaires qui se lancent dans une nouvelle course à l'Espace. Bien qu'il ne s'agisse pas de brider cet élan, peut-être devrions-nous faire une pause pour poser des questions fondamentales, à commencer par : qu'est-ce que cette course effrénée à l'Espace peut apporter à l'ensemble de l'humanité, à l'amélioration de la vie sur Terre ?

Les pouvoirs publics ne devraient-ils pas reprendre la main, y compris face aux acteurs privés ? Rappelons que, si Space X envoie aujourd'hui des astronautes vers la Station spatiale internationale, c'est grâce au financement et aux autorisations de la NASA et des autres agences partenaires. En réalité, pour les missions vers l'ISS, Elon Musk n'est rien de plus qu'un sous-traitant de la NASA.

Plaidoyer pour une habilitation au voyage spatial

Si nous considérons l'Espace comme un bien de l'humanité entière, conformément aux principes du Traité de l'ONU de 1967 repris par les accords Artemis, il semble urgent de mettre à jour les règlements internationaux pour définir de nouvelles normes qui encadreraient ces activités. Si des personnes fortunées souhaitent vivre l'expérience spatiale – un billet coûtant plusieurs dizaines de millions de dollars –, pourquoi ne pas exiger une qualification préalable commune à tout le monde ?

Cette certification, accessible à tous, pourrait prendre la forme d'un programme de formation gradué basé sur les standards utilisés pour l'accès à l'ISS. Un modèle similaire existe déjà en plongée sous-marine, où l'on peut gravir plusieurs échelons jusqu'à devenir professionnel. Pourquoi ne pas appliquer cette logique, à commencer par les vols spatiaux habités « de loisir » ?

À son plus haut niveau, ce programme pourrait ouvrir la voie à une formation professionnelle pour ceux qui le souhaitent. Cela démocratiserait l'accès aux compétences du domaine spatial, permettant au public de s'y familiariser, et créerait un vivier de futurs astronautes pour les institutions, l'industrie spatiale, voire l'armée.

Les trois piliers de ce programme seraient la sécurité, la rigueur et… le réalisme ! Car devenir astronaute – ou formateur d'astronautes – ne s'improvise pas. Trompés par les images médiatiques, certains imaginent l'entraînement au travail dans l'Espace comme une série d'activités à sensation, alors qu'il s'agit d'un processus bien plus sérieux et exigeant.

La mise en œuvre de ce projet pourrait, par exemple, être initiée par les autorités en France, puis étendue à l'Union européenne et aux autres nations engagées dans les vols habités. Cette certification établirait des compétences nouvelles pour les participants et offrirait une base standardisée, encore inexistante.

De plus, elle rendrait l'accès aux connaissances des vols habités plus démocratique. Mon souhait est qu'elle soit ouverte à toutes les personnes intéressées par le domaine spatial, que ce soit pour un projet professionnel, une aventure touristique, ou simplement l'acquisition d'un savoir inédit.

Il ne s'agit pas d'interdire (en tout cas pas pour le moment) aux Elon Musk, Jeff Bezos et Richard Branson de proposer des vols touristiques vers l'espace, mais plutôt de créer une norme internationale reconnue. Ce cadre serait également utile aux autorités compétentes, qui pourraient ainsi exercer un contrôle plus précis sur ce secteur émergent et éviter des tragédies liées à une dérégulation totale.

Quant aux maîtres d'œuvre – les industriels et milliardaires qui multiplient les projets spatiaux –, ne devraient-ils pas être intégrés à une instance internationale officielle, assurant aux États une maîtrise collective de ces enjeux ? Un tel organisme, placé en France sous l'égide d'un ministère dédié, pourrait évaluer les impacts des missions : leur coût, leurs risques, leur pollution, et leurs apports pour l'humanité.

Le moment est venu d'agir car une nouvelle course à l'Espace est bel et bien lancée. La Lune, les astéroïdes, l'orbite basse terrestre : tout cela devient progressivement un terrain de jeu pour milliardaires, touristes, et industriels.

Pour une matrice commune

Que ce soit dans les domaines industriel, touristique ou scientifique, établir des règles claires semble indispensable. Elles doivent garantir la sécurité des personnes qui s'aventurent dans ces espaces, tout en protégeant l'ensemble des activités spatiales habitées. Si l'on fait un parallèle avec la mer et les risques inhérents à son exploration, l'exemple tragique du submersible *Titan*, exploité par Ocean Gate, vient à l'esprit. Le 18 juin 2023, cinq personnes, dont le P.-D.G. d'Ocean Gate, Stockton Rush, ont embarqué à bord de ce petit submersible pour explorer l'épave du *Titanic*, à près de 4 000 m de profondeur. Mais au cours de la descente, le submersible a disparu. Après cinq jours de recherches menées par la marine et les gardes-côtes américains, des débris ont été retrouvés, révélant l'implosion de l'engin sous une pression extrême. Les premiers éléments de l'enquête ont montré que le submersible n'était pas homologué et que plusieurs alertes quant à sa sécurité avaient été ignorées par son P.-D.G. au nom de l'« innovation ».

Ce drame pose la question des conséquences potentielles pour l'ensemble de l'exploration sous-marine. Un renforcement des règles et une prudence excessive pourraient affecter de nombreux acteurs respectables de l'industrie, menaçant leurs certifications et homologations. Cette imprudence risque donc d'avoir des effets au-delà de la perte tragique de vies humaines. Pour l'Espace, la même vigilance s'impose. Si l'on permet des initiatives sans cadre strict au nom d'une prétendue conquête, les retombées pourraient être tout aussi graves pour tous. Pourtant, Guillermo Söhnlein, cofondateur d'Ocean Gate, envisage désormais de lancer des missions humaines vers Vénus d'ici à 2050 via une autre de ses entreprises, Human2Venus.

Au-delà de l'idée de certification par un programme de formation, il est urgent d'établir des règles communes pour les vols habités et l'exploration spatiale, afin de préserver notre environnement : notre planète et l'Espace.

Il s'agirait de créer une matrice mondiale, une feuille de route « bénéfices/risques » que les entreprises et industries devraient suivre avant de lancer un projet. Cette matrice évaluerait d'un côté le coût financier, l'empreinte carbone et l'impact des débris spatiaux que le projet pourrait générer et, de l'autre, les bénéfices pour l'humanité en termes de progrès scientifiques, médicaux et environnementaux. Les entreprises recevraient ainsi un « go » ou un « no go » en fonction de cette évaluation, avec la possibilité d'exiger des améliorations avant tout lancement. Si une telle règle planétaire avait existé, envoyer une voiture dans l'Espace aurait probablement été interdit. Car, si depuis 1969, les États se dotent de législations – parfois contraignantes – concernant l'activité spatiale, celles-ci sont différentes d'un pays à l'autre et chacune ne s'applique que pour les lancements depuis le territoire national concerné, avec des préoccupations environnementales, commerciales, ou de Défense nationale[1].

1. En France, il s'agit de la loi du 3 juin 2008 relative aux opérations spatiales (LOS), modifiée par ordonnance du 23 février 2022. https://www.legifrance.gouv.fr/loda/id/JORFTEXT000018931380/

Dans cette nouvelle ruée vers l'or spatial, il est essentiel de mettre en place des mesures pour préserver l'avenir et le bien-être de l'humanité.

11

La guerre des étoiles aura-t-elle lieu ?

On m'a parfois mise en garde au sujet de mon côté touche-à-tout, de ma tendance à m'aventurer vers d'autres écosystèmes, au risque de bousculer ou froisser. Pourtant, si j'explore des milieux professionnels différents du mien et cherche à coopérer avec eux, je ne quitte pas mon domaine de compétences, celui de l'expertise des vols spatiaux habités et de la pédagogie. Je cherche à comprendre, à partager, à transmettre aux autres et à apprendre d'eux. Une transversalité. Le faire est pour moi naturel, important, et peut-être même essentiel. En l'occurrence, l'Espace présente, vous l'aurez compris, des intérêts multiples et majeurs, qu'ils soient scientifiques – en termes de recherche, de découvertes médicales – mais aussi économiques avec les richesses contenues. En outre, l'aspect touristique me paraît plus discutable. Dans le même temps, l'Espace regorge d'enjeux géopolitiques, stratégiques et militaires.

C'est ce qui m'a amenée à travailler avec l'armée. Je me suis d'abord orientée vers la marine nationale, tant les océans et l'Espace, on l'a vu, ont des points communs. Puis je suis devenue, en 2021, officier de la réserve opérationnelle de l'armée de l'air et de l'espace.

Je jongle en permanence entre mon travail à l'ESA, mon entreprise – la PASI (Professional Association of Space Instructors), sur laquelle je reviendrai plus longuement dans le dernier chapitre – et désormais l'armée. Tout cela a une logique mais surtout un sens si important pour moi : construire des ponts entre des univers qui ne se parlent pas assez ou pas du tout.

Cette démarche semble d'autant plus cohérente que, sur le plan politique, les ministères de la Défense ou de l'Économie veulent désormais avoir parmi leurs conseillers des personnes qui peuvent avoir une vision transversale des choses. Venant du spatial habité, je suis donc passée d'abord par le maritime en raison des similitudes, puis par l'armée de l'air et de l'espace et le Commandement de l'espace (CDE). Mais mon premier contact avec l'armée s'est fait par la gendarmerie nationale et plus précisément ses hélicoptères et ses pilotes.

En haute montagne

J'ai découvert le monde des pilotes d'hélicoptère par le biais des vols paraboliques, ce qui m'a permis de rencontrer notamment ceux du Peloton de gendarmerie de haute montagne (PGHM) de Chamonix. Ces pilotes sont confrontés à des défis immenses, souvent à la limite des capacités humaines. Leur univers de travail, difficile et exigeant, révèle une transversalité enrichissante : bien que moins sécurisés que les astronautes hyperencadrés, ces sauveteurs montagnards partagent avec eux une expérience où l'entraide et l'adaptation sont essentielles. Les échanges entre ces deux mondes, celui de l'altitude extrême et celui de l'orbite spatiale, auraient d'ailleurs beaucoup à offrir.

À 400 km au-dessus de la Terre, les astronautes de l'ISS évoluent dans un environnement scruté en permanence, chaque paramètre de leur santé et de leur sécurité étant constamment surveillé. Ils opèrent dans des conditions hostiles, certes, mais similaires aux risques auxquels font face les pilotes de secours en haute montagne. Ces derniers, lors de leurs interventions, pilotent souvent seuls, sans copilote, et dépendent de l'aide d'un mécanicien-treuilliste. À bord d'hélicoptères civils qui peinent à dépasser les 4 000 m, ils doivent gérer de manière méticuleuse le poids, le carburant, et chaque détail matériel. Intervenir sur le Mont-Blanc, par exemple, signifie opérer porte latérale ouverte, en altitude, soumis au froid et au vent, dans un environnement non pressurisé, où chaque action doit être rapide et précise. Les secouristes sont aussi soumis à un stress psychologique, surtout lors d'accidents tragiques, comme celui d'un *wingsuiter*[1] ou d'autres missions médiatisées, impliquant parfois des dignitaires ou des élus.

1. Vol en *wingsuit*, une combinaison ayant entre les bras et le torse, côté aisselles, une surface porteuse semblable à des ailes.

Un exemple marquant est celui du secours massif déclenché lors de l'avalanche du mont Maudit en juillet 2012, où 27 personnes furent ensevelies à 4 200 m, entraînant la mobilisation de 55 secouristes et de 3 hélicoptères venus de la gendarmerie, de la sécurité civile et d'Italie. Ce type de mission, périlleuse et intense, rappelle l'importance de partager des compétences et des connaissances entre ces deux univers – celui de la haute montagne et celui de l'Espace – au moment où de nouvelles missions vers la Lune, plus dangereuses encore que les séjours en orbite terrestre, se profilent.

De plus, le cas de l'Everest est éloquent : chaque année, des centaines d'alpinistes – souvent des touristes aisés en quête de sensations – s'aventurent sur ses 8 848 m, laissant derrière eux des tonnes de déchets (emballages, bouteilles d'oxygène vides, tentes, matériel sanitaire), prenant des risques, pour eux-mêmes et pour les sherpas et secouristes, simplement pour dire : « Je l'ai fait. » Face à cet afflux, les autorités népalaises cherchent aujourd'hui à en limiter l'accès en réduisant les permis, dont le coût dépasse 15 000 dollars (sans compter les frais de voyage, d'équipement, et de rémunération des sherpas). En 2024, on estimait que 50 tonnes de déchets et 200 corps d'alpiniste se trouvaient encore sur le « toit du monde ». Alors, avec l'émergence du « tourisme spatial », veillons à ne pas faire de l'Espace un nouveau lieu de dégradations.

Ce besoin de coopération et de transversalité dépasse les frontières de la haute montagne ou du spatial et touche d'autres secteurs vitaux. Le manque de vision stratégique et de coordination est évident, comme l'illustre la crise récurrente des services d'urgence hospitaliers : débats interminables, absence d'anticipation et fragmentation des responsabilités font obstacle à des solutions durables. Ce cloisonnement excessif est aussi une réalité pour le secteur spatial : « Ce n'est pas le bon moment », « L'industrie n'est pas prête », « Le marché n'existe pas », ou encore « Ce n'est pas notre problème, mais celui du ministère d'à côté » sont des réponses courantes, traduisant une paralysie où chacun attend que les autres agissent.

Les lois internationales de l'Espace datent d'une époque où l'implication de milliardaires et de *start-up* dans l'industrie spatiale semblait relever de la science-fiction. Or, aujourd'hui, cette évolution est bien réelle et le secteur en est conscient. Les défis liés aux ressources, à la pollution et aux enjeux diplomatiques ne sont pas nouveaux mais ils restent sans solution structurée. Il est urgent d'aborder ces questions de manière collective et proactive, sans attendre que la complexité des enjeux nous dépasse.

Armée de l'air et de l'espace et Commandement de l'espace

Mon travail avec l'armée de l'air et de l'espace consiste d'abord dans l'enseignement de l'exploration et des vols spatiaux habités au sein de l'École de l'air et de l'espace[1]. Je participe aussi à la progression sur les exercices de simulation de conflits spatiaux organisés pour les futurs officiers. De la même façon, j'ai été impliquée par le CDE (Commandement de

1. https://www.ecole-air-espace.fr/

l'Espace) les années précédentes sur les éditions d'AsterX[1], grand exercice spatial militaire français dans le cadre de la montée en puissance du CDE en matière d'opérations spatiales.

Mon travail inclut aussi des réflexions de prospective sur le développement de capacités pour des interventions spatiales d'urgence, visant hypothétiquement à rendre l'armée prête à déployer des militaires dans l'espace si nécessaire. Actuellement, l'armée se concentre surtout sur la gestion des satellites, la surveillance et la lutte contre l'espionnage, laissant les interventions spatiales aux astronautes institutionnels professionnels. Ce cloisonnement persiste, malgré la nouvelle dénomination « armée de l'air et de l'espace » adoptée en septembre 2020, qui reflète, selon moi, le besoin d'une vision élargie.

Mon objectif, en collaboration avec les militaires, est de promouvoir le partage d'expertise et le transfert de compétences, comme nous le pratiquons à l'Agence spatiale européenne.

1. https://www.defense.gouv.fr/air/actualites/asterx-2024-nouvelle-edition-lexercice-spatial-militaire-francais

À l'ESA, l'instruction des astronautes repose sur l'échange de connaissances spécifiques, où chacun développe les compétences nécessaires en fonction des missions. C'est cette approche que je souhaite introduire au sein de l'armée de l'air et de l'espace, en commençant par l'École de l'air, où je propose des cours d'initiation et de familiarisation avec les enjeux de l'Espace. Il s'agit de présenter ce domaine nouveau pour eux et de montrer son fonctionnement.

Créé en 2019, le CDE est en pleine expansion : il s'est installé à Toulouse aux côtés du CNES et regroupe toutes les entités militaires françaises actives dans le domaine spatial : le Centre de commandement et de contrôle des opérations spatiales (C3OS), le Centre militaire d'observation par satellites (CMOS), le Centre opérationnel de surveillance militaire des objets spatiaux (COSMOS) et le Laboratoire d'innovation spatiale des armées (LISA)[1].

Au sein de cette structure, mon rôle est de partager l'expertise que j'ai accumulée dans

1. Source : site officiel du CDE : https://air.defense.gouv.fr/cde/article-de-dossier/les-unites-du-cde

divers environnements : les opérations spatiales, la certification des personnels au sol, l'entraînement d'astronautes. Mon but est aussi de promouvoir la collaboration et de dépasser les barrières entre services aux objectifs communs mais qui partagent rarement leurs compétences. À l'École de l'air et de l'espace de Salon-de-Provence, je mets mon expérience au service des civils et militaires en formation. Nous organisons, en plus des cours, des ateliers de prospective et des simulations notamment dans le cadre du master de Défense et de sécurité de l'air et de l'espace (MS DefSiS)[1]. Ces formations abordent les questions de la préparation des forces armées aux vols spatiaux habités, leurs implications légales et éthiques, et s'enrichissent d'exercices

1. Cette formation, de niveau baccalauréat + 6, vise à développer des compétences qui permettront « d'accéder de façon privilégiée aux domaines de l'analyse, du conseil et d'intelligence économique au sein d'industries, d'organismes gouvernementaux ou de cabinets liés au fonctionnement » et à « l'utilisation des systèmes spatiaux civils et militaires dans leur dimension sécuritaire ». Communiqué du ministère de la Défense, 6 mai 2024, « Lancement de la campagne de recrutement de la deuxième promotion » du MS DefSiS.

de simulation réalistes, tels que des scénarios de *war games*.

L'échange de savoirs entre ces univers, qui communiquent peu naturellement, peut se révéler extrêmement fécond. À l'Agence spatiale européenne, des simulations d'envergure européenne et mondiale sont menées régulièrement (deux européennes et une internationale chaque mois) et depuis des années pour former et certifier les équipes des centres de contrôle impliquées dans le programme de la Station spatiale internationale. Ayant été la première femme directrice de simulation en Europe, je suis convaincue de l'intérêt de partager ces compétences, qui peuvent bénéficier autant aux militaires qu'aux acteurs spatiaux civils.

Enfin, au Commandement de l'espace, je m'efforce de renforcer les liens entre les différentes entités militaires, souvent peu habituées à collaborer. Toujours la transversalité, un objectif essentiel pour faire avancer ces secteurs de manière cohérente et efficace.

Un nécessaire partage des connaissances

De nouvelles perspectives s'ouvrent aujourd'hui à moi : collaborer avec le Service de santé des armées sur des projets scientifiques, ainsi qu'avec le 29e centre d'excellence spatiale de l'OTAN, accrédité en juillet 2023 et basé à Toulouse. Ces perspectives confirment la pertinence de mon approche et de mes compétences, qui trouvent ici de nouvelles applications au service de la défense. C'est là le cœur de la réserve opérationnelle : mettre nos connaissances au profit du pays et de sa sécurité. Toute autre motivation pour rejoindre la réserve serait, à mon sens, déplacée.

Pour faire avancer les choses, je crois fermement qu'il est essentiel de conjuguer présence sur le terrain et disponibilité auprès des décideurs. L'immersion auprès des équipes permet de comprendre leurs réalités et de répondre efficacement à leurs besoins. J'ai la chance d'intervenir à des niveaux variés – sur les bases aériennes, dans les centres du CDE, et jusqu'au ministère des Armées. Cela me permet de créer des passerelles de communication entre les différents acteurs militaires du secteur spatial, avec pour objectif de renforcer ce domaine et d'en faire un outil plus robuste et plus sûr, au service de la Terre.

Quant au monde politique, je n'envisage pas nécessairement de le rejoindre. Cependant, mes dix-huit années d'expérience dans un secteur où peu de spécialistes opèrent, combinées à mon parcours dans le privé et au sein de l'armée, me donnent une vision unique. Avec cette expérience et une volonté de briser les barrières entre des milieux qui gagneraient tant à collaborer, j'espère contribuer à un dialogue constructif entre eux.

Pour moi, le spatial est avant tout un outil puissant et polyvalent, capable d'observer, surveiller, explorer et communiquer. Il offre une perspective globale, des données à grande échelle, et des services cruciaux pour des domaines multiples, participant ainsi au progrès scientifique, économique et sociétal.

Pour l'armée, le moment semble propice. Il est temps de pleinement adopter cet outil et de tirer parti de l'expérience d'autres secteurs pour progresser ensemble. L'ancienne ministre des Armées Florence Parly a tracé les grandes lignes de l'avenir auquel je veux humblement participer, lors d'un discours tenu le 7 septembre 2018, et au cours duquel elle a témoigné de la volonté politique de se saisir véritablement de cette question avec cet esprit de transversalité. La prise de conscience est là : « Tout comme la terre, la mer, l'air et le cyberespace, l'espace exo-atmosphérique est devenu le théâtre de rivalités des grandes puissances. Il est en train de devenir un champ d'opérations en tant que tel », a-t-elle notamment souligné. Et de poursuivre : « Gardons en tête aussi que l'espace, aujourd'hui, ouvre ses portes à de nouveaux venus. Le *newspace*, le spatial *low cost* rendent l'espace accessible : la démocratisation de l'espace est en marche [...]. Les petits lanceurs, la miniaturisation qui permet le développement de petits satellites et de nanosatellites sont autant de portes ouvertes de l'autre côté de l'atmosphère pour de nouveaux acteurs étatiques et privés. Space X, Google, autant d'entreprises aux projets fascinants et enthousiasmants. Mais dans notre légitime enthousiasme, ne soyons pas naïfs. À l'ombre de ces géants raisonnés rôdent des groupes malintentionnés. Et de même que Internet a ses pirates, l'espace aura ses flibustiers. »

Lors de cette prise de parole, Florence Parly a fait un état des lieux très exhaustif, précisant tous les défis de l'avenir : débris spatiaux, recherche, financement par des acteurs privés, défense spatiale, régulation.

Cette volonté gouvernementale de se saisir des enjeux spatiaux géopolitiques, la ministre l'a réitérée à plusieurs reprises, y compris concernant l'importance capitale de ce domaine en matière de défense et de sécurité. Ce fut ainsi le cas le 25 janvier 2022, à l'occasion de la 14e conférence spatiale de l'Union européenne, à Bruxelles, plaçant le spatial militaire au rang des priorités des États, et ce pour deux raisons : « L'espace exo-atmosphérique est essentiel à notre quotidien. Un smartphone fait appel chaque jour à des dizaines de satellites, selon les applications sollicitées. Et je ne parle pas du quotidien de nos soldats. Communiquer, observer ou se géolocaliser par satellite, ce sont des actions indispensables à la conduite des opérations militaires », a ainsi rappelé la ministre des Armées. « La deuxième raison découle en quelque sorte de la première : l'espace devient un lieu de compétition stratégique. […] Maîtriser l'espace, c'est avoir un avantage opérationnel décisif, c'est aussi pouvoir garantir à tous l'accès à des services du quotidien. »

Reste maintenant à savoir si cette volonté politique affichée sera, dans un proche avenir, suivie d'effet… Pour l'heure, cette prise de conscience, cette nouvelle orientation stratégique, n'a pas été démentie. Le ministre des Armées Sébastien Lecornu a repris ce flambeau en soulignant à de nombreuses reprises l'importance du domaine spatial. Interrogé notamment sur les nouvelles menaces, lors d'un grand entretien au quotidien *Ouest-France* en avril 2024, en compagnie du directeur de l'Institut français des relations internationales (IFRI) Thomas Gomart, le ministre des Armées répond : « Notre génération va peut-être connaître la guerre des étoiles, un satellite capable de détruire un autre satellite[1]. »

---

1. Entretien publié le 12 avril 2024, en accès libre : https://www.ouest-france.fr/medias/ouest-france/le-grand-entretien/nous-devons-nous-preparer-pour-les-bonnes-guerres-pas-celles-dhier-8bde94c6-f8c9-11ee-8656-3015bc260248

Épilogue
Espace : un autre regard

L'Espace évoque dans l'imaginaire collectif le lointain, l'aventure, l'héroïsme, parfois même le mysticisme. La fiction, qu'elle soit littéraire ou cinématographique, ne cesse d'en témoigner. Et les récits de ceux qui l'ont exploré entretiennent souvent ce rêve universel d'élévation et de dépassement de soi. Pourtant, au-delà de cette quête de l'infini et de l'immortalité qui semble propre à la nature humaine, l'Espace mérite d'être envisagé à travers un autre prisme. Car aujourd'hui, les avancées technologiques nous permettent de ressentir les sensations d'un voyage spatial sans même quitter la Terre. De plus, l'un des buts des missions spatiales est d'améliorer notre vie ici même, grâce aux découvertes scientifiques, médicales et technologiques que permet l'impesanteur. La Station spatiale internationale, au-delà de son rôle diplomatique, n'est autre qu'un laboratoire au service de cette ambition.

De mon expérience auprès de ceux qui aspirent à exploiter au mieux le potentiel spatial, j'aimerais partager cette réflexion : nous avons détérioré notre planète, notre seule maison, à un point tel que certaines de ses régions deviennent menaçantes pour la vie humaine : pollution, températures extrêmes, phénomènes climatiques imprévisibles, sécheresses, inondations. Quelques-uns, encore trop peu nombreux à l'échelle mondiale, tentent de limiter les dégâts et de contenir le réchauffement climatique. Comme le souligne l'ingénieur Jean-Marc Jancovici : « Il est encore temps de choisir entre deux, trois, quatre, ou cinq degrés de réchauffement. Mais deux degrés impliquent déjà une économie de guerre, tandis que quatre degrés, c'est la guerre tout court. » Il est urgent de s'adapter, même si certaines conséquences de nos actions sont désormais irréversibles.

L'Espace, tout comme la Terre, est aussi un bien commun. Nous avons déjà pollué jusqu'à l'orbite basse, y laissant des centaines de milliers de débris, vestiges de satellites et de fusées. Néanmoins il est encore possible d'agir, non pas en repliant notre regard vers l'intérieur, mais en ouvrant l'accès à la connaissance spatiale à tous. Non pas pour encourager chacun à y aller, mais pour sensibiliser à l'importance de l'Espace proche de notre planète et au rôle qu'il peut jouer dans notre quotidien – tout en rappelant ce qu'il est possible d'y faire ou pas. Il s'agit de réconcilier nos rêves avec la réalité, de donner du sens à l'idéal d'une « conquête spatiale » souvent mal comprise. Aller sur la Station spatiale internationale, ce n'est pas conquérir, c'est expérimenter dans un laboratoire flottant, à 400 km au-dessus de la Terre.

Quant à Mars ou Vénus, ce sont des terrains de réflexion pour notre avenir. Mars, avec son potentiel de conditions habitables, et Vénus, avec ses climats extrêmes, offrent des opportunités pour comprendre l'évolution planétaire et envisager, peut-être, un futur interplanétaire pour l'humanité. Mais ce rêve d'établir une civilisation interplanétaire est-il vraiment une priorité, alors même que notre propre planète a un besoin urgent de soin et d'attention ?

Il est essentiel de prendre pleinement conscience des enjeux du domaine spatial, de favoriser le partage d'expériences, de formations et d'informations entre tous les acteurs, mais aussi avec l'ensemble de l'humanité : il s'agit de décloisonner, de transmettre, d'éduquer. Car la protection de l'humanité passe aussi par celle de l'Espace. C'est bien de notre survie qu'il est question, car notre planète, elle, finirait par se remettre de notre disparition.

On m'a parfois reproché de sortir des limites de mon domaine, d'aller là où l'on ne m'attendait pas, de brouiller les frontières entre différentes disciplines. Cette notion de « pré carré » est présente dans de nombreux métiers et le monde des vols spatiaux habités n'y échappe pas. Cependant, si j'ai accepté d'intervenir dans des établissements scolaires, des universités, des entreprises, ou de collaborer avec l'armée de l'air et de l'espace, c'est précisément parce que je crois fondamentalement au fait de sortir de sa sphère professionnelle, de ses propres savoirs, pour les partager et apprendre des autres. Changer de point de vue est indispensable pour essayer d'améliorer les choses, même modestement. En exploration spatiale, nous nous extrayons de la gravité terrestre pour observer sous de nouveaux angles, apprendre de ces perspectives différentes, et faire progresser la science. De la même manière, changer d'environnement professionnel me permet d'échanger et d'élargir mon regard.

Former des astronautes, en un sens, c'est un peu comme être traducteur : il s'agit de rendre possible la communication entre des langues différentes et, de mon côté, je m'efforce de « traduire » mon domaine scientifique pour qu'il soit accessible à tous. Pourquoi ? Parce que je souhaite être une passeuse, quelqu'un qui rende compréhensibles des concepts parfois vertigineux, qui donne des clés pour en saisir la signification concrète. Cette volonté de donner du sens, d'alerter sur les risques et de montrer ce que l'Univers peut nous apporter, pour peu que nous en prenions soin, me guide.

Vocation et rêve

Décloisonner et transmettre entre des univers différents demande une ouverture d'esprit constante et une grande modestie. Ce n'est pas toujours simple dans le milieu de l'aéronautique et de l'aérospatial, où la culture du réseau et de l'entre-soi prédomine. On y trouve un microcosme peu habitué à s'ouvrir aux autres, où le partage avec l'extérieur peut sembler secondaire.

Ce qui rend les horizons encore plus étroits, c'est la valorisation des « vocations précoces ». Cette tendance fait croire à chaque enfant que, pour accéder à la science, à l'Espace, ou pour devenir cet astronaute héroïque, il faut absolument avoir une « vocation » dès le plus jeune âge. C'est une vision très réductrice qui crée des barrières et impose une identification forcée à quelques figures d'élite, comme si une passion unique dès l'enfance était le seul passeport légitime vers les grandes écoles ou les secteurs de pointe. Cette idée qu'il faut avoir « toujours rêvé » d'une profession spécifique fait de belles histoires, mais véhicule aussi un message restrictif et décourageant : elle donne à penser que ceux qui ne ressentent pas cet élan enfantin, ou qui n'ont pas la liberté d'en avoir, sont condamnés à l'échec.

Mais c'est une erreur.

Petite, je voulais simplement un poney et je trouvais admirable de soigner les gens. Je n'avais pas de rêve d'enfant particulier ni de vocation innée. Ce que je préfère aujourd'hui, c'est une source d'inspiration qui ne se limite pas à l'image de quelques figures connues. Je crois bien plus à l'intérêt pour un domaine, une activité ou un métier qu'à une « vocation. » C'est valable dans tous les secteurs, y compris le mien : donner à chacun la possibilité de devenir un acteur de la préservation de la planète, de l'Espace, en lui offrant les connaissances nécessaires pour avoir son mot à dire sur ce qu'il s'y passe.

Le parcours que je raconte dans ces pages peut sembler à la fois exceptionnel et imprévisible… et pourtant, je crois qu'il est accessible à tous. Peu importent vos racines, votre milieu ou votre environnement familial : ce que j'ai accompli, je pense sincèrement que vous auriez pu le faire, ou que vous pouvez encore le faire, à votre manière. Il n'est pas question d'appel divin ou de rêve d'enfant, mais bien de curiosité, d'audace et de motivation – ces moteurs essentiels qui nous permettent d'avancer.

J'ai tenté de vous faire explorer les différents univers que je traverse, convaincue qu'ils peuvent apprendre les uns des autres et qu'il est essentiel de bâtir des ponts entre eux. Pourtant, je ressens souvent le poids de ces structures cloisonnées que l'on retrouve dans bien des domaines : que ce soit à l'hôpital, où les services et leurs responsables restent souvent isolés, ou dans les administrations. Comment, alors, sortir de ces cadres rigides pour aller vers une réelle transversalité ?

Pour dépasser ces obstacles, il me fallait un outil, une structure nouvelle et indépendante. C'est ce qui m'a poussée, dès 2013, à fonder la « PASI » (Professional Association of Space Instructors), l'Association professionnelle des instructeurs du spatial. Le nom est un clin d'œil à la « PADI », l'Association professionnelle des instructeurs de plongée, leader mondial de la formation à la plongée sous-marine, comme je l'avais évoqué.

Au départ, la PASI me permettait de contribuer à des projets de recherche, à des ateliers de prospective et d'idéation. Progressivement, on a fait appel à la PASI pour des interventions éducatives, des conférences et des conseils scientifiques pour des œuvres cinématographiques ou littéraires. Il me manquait alors une structure qui puisse allier souplesse et sécurité, notamment en matière de confidentialité et de non-concurrence, tout en restant compatible avec mes obligations professionnelles. Ainsi, en 2018, la PASI est devenue une société, me permettant de multiplier les conférences de vulgarisation, de sensibiliser aux enjeux spatiaux, et d'offrir mes compétences en tant qu'experte-conseil.

L'ambition de la PASI est de devenir un organisme qui standardise et diffuse le socle de compétences nécessaires aux vols spatiaux habités, afin de permettre aux individus, aux entreprises et aux pays d'accéder à cette formation, encore hors de portée pour le grand public. Aujourd'hui, il est possible de se former à presque tout, sauf à cela.

Après dix ans d'existence, la PASI est peut-être en passe de concrétiser cette vision : construire des passerelles entre des univers variés pour un objectif commun, faire tomber les barrières entre les secteurs civils (publics et privés) et militaires, et établir l'Espace comme un véritable bien commun. En créant ces synergies, nous pouvons alors prendre conscience que notre avenir se dessine non seulement ici, mais aussi au-delà, là-haut.

Remerciements

Il m'est impensable de conclure ce livre sans adresser mes plus sincères remerciements à toutes les personnes qui ont contribué à sa réalisation. Et cela commence, bien sûr, par ma famille.

Merci à Antoine, mon compagnon chéri et le catalyseur de tous mes projets. Merci d'accepter depuis bientôt 10 ans mes idées fumeuses, ma manie de faire les choses au pire moment et mes gueulantes contre la Terre entière sauf toi. Tu es la personne la plus brillante que je connaisse et j'espère que je pourrai apprendre de toi toute ma vie.

Merci aussi d'être un papa aussi merveilleux avec notre fille Juliette née pendant que ce livre prenait forme. Juliette, quand tu seras assez grande pour lire ces lignes, j'espère que l'Espace sera un peu plus ordonné et protégé qu'aujourd'hui. J'espère aussi que, plus grande, tu n'auras pas trop envie de devenir astronaute…

Merci à mes parents, Jean-Paul et Anne-Marie. Vous m'avez transmis des valeurs essentielles : l'honnêteté, la confiance, l'amitié, le respect, notamment envers la nature, dans laquelle nous baignions. Merci aussi de m'avoir appris l'art de la camaraderie et des grandes fêtes entre amis. Vous m'avez offert une éducation riche et équilibrée, dans un cadre familial stable et serein. Ce cadre, fait d'apprentissages, de travail, de sport, de tendresse mais aussi d'interdictions et de limites m'a permis de grandir et de m'épanouir pleinement.

Merci à ma sœur Nelly, ma cadette, mon double inversé. Nos différences, source de richesse, m'ont beaucoup appris, en me montrant dès l'enfance qu'il est possible d'avoir un avis différent sans pour autant s'opposer. Merci pour notre complicité, nos rigolades sans fin, notre langage codé, que seules toi et moi pouvons comprendre. Enfin, merci à ton mari Christophe et à Carl, mon cher neveu.

Merci à ma belle-famille, que j'aime profondément et qui m'a accueillie immédiatement telle que je suis. Une mention toute spéciale à mon extraordinaire belle-mère, Sylvie, qui, telle Tom Cruise dans Mission Impossible, est capable de dévaler des escaliers en voiture sans la moindre égratignure.

Merci à celles et ceux de l'École Polytech'Grenoble, à Catherine Berrut qui m'a tendu cette fameuse plaquette, Brice Duhamel qui a probablement mis mon dossier de demande de bourse pour le Japon sur le haut de la pile, à tous les profs et tous les copains TIS.

Et puis, il y a les collègues, dont beaucoup sont devenus des amis.

Un grand merci à Birgit Bubelach, ma « cheffe » de la Lufthansa Aviation Training, probablement une des meilleures managers du monde. Merci de m'avoir acceptée telle que j'étais, d'avoir cru en moi, en ma fiabilité, parfois en ma sincère naïveté, et de m'avoir toujours soutenue. Merci aussi à mes collègues de la LAT, Elisabeth Jambor et Uwe Müllerschkowski.

Un grand et chaleureux merci, à l'ESA et du côté de l'EAC, à Frank De Winne, Rüdiger Seine pour lesquels j'ai l'honneur de travailler, à mes collègues et tous les astronautes de l'ESA, et plus particulièrement à Thomas Pesquet pour son soutien et sa volonté de rendre le monde du spatial visible et accessible au grand public. Et dont les efforts ont participé à mettre en avant les métiers de l'ombre du spatial comme le mien.

Merci et salutations à Thierry Bret-Dibat et Alain Maillet, du CNES et du MEDES, qui m'ont accueillie en stage et ont contribué à me mettre sur la rampe de lancement. Merci aussi à Nadine Leleannec, notre secrétaire et barista, qui, lorsque je suis partie vivre à Cologne, m'a tricoté une chaude écharpe.

Merci à toute l'équipe de Novespace et Air Zéro G : particulièrement à Thierry Gharib et Jean-François Clervoy ainsi qu'à l'ensemble de l'équipage, les pilotes, les PNS et les instructeurs. Une vraie famille si chère à mon cœur.

Merci au Colonel Gauthier Dewas, qui a sollicité et permis mon intégration au sein de l'Armée de l'Air et de l'Espace, au Colonel Jérôme d'Oliveira au sein du Commandement de l'Espace, au Médecin en chef Julien Viant et à la Colonelle Solène Le Floch au sein du Cabinet du ministre des Armées. Mentions spéciales à Marion Damion-Jost pour son amitié ainsi qu'à Évelyne Brisson sans laquelle je ne m'en sortirais pas.

Merci à Isabelle Saporta avec laquelle toute l'histoire a commencé et sans laquelle je n'aurais jamais eu l'idée d'un tel projet. Merci aux Éditions Fayard et leurs équipes, pour leur soutien, leur professionnalisme et leur confiance qui ont permis à ce projet de voir le jour. Merci à Amina Sabeur, de la FAF, qui m'a présenté Isabelle, ainsi qu'à tous les copains du programme des Young Leaders.

Merci à Christophe Cariou-Martin pour son amitié et son indéfectible soutien au PASI.

Merci à Pierre-François Mouriaux, Thibault Paris, au Capitaine de Corvette Aude Bray, au Colonel Jérôme d'Oliveira, au Capitaine Jean-Baptiste Fortin, au Lieutenant-colonel Jonathan Bescheron et à Marie-Claire pour leur amitié et leur relecture fine.

Merci à Jean-Marie Godard pour sa patience, sa gentillesse et son talent.

Un immense merci à Claudie Haigneré pour son intelligence, sa bienveillance et le soin apporté à sa préface.

Et je n'oublie pas Marion Montaigne, dont la fidèle amitié, l'humour et la créativité me réjouissent le cœur et l'esprit.

Table des matières

PARTIE II
NOTRE SEUL HABITAT COMMUN

AIR ZERO G
ESA
Marion Montaigne

Marion Montaigne

Composition et mise en pages
Nord Compo à Villeneuve-d'Ascq

Achevé d'imprimer en janvier 2025
sur les presses de Normandie Roto Impression s.a.s.
61250 Lonrai (Orne)
pour le compte des éditions Fayard
13, rue du Montparnasse, 75006 Paris
info-fayard@editions-fayard.fr

PAPIER CERTIFIÉ

fayard s'engage pour l'environnement en réduisant l'empreinte carbone de ses livres. Celle de cet exemplaire est de :
300 g éq. CO_2
Rendez-vous sur www.fayard-durable.fr

N° éditeur : 65.7509.7/01 N° d'impression : 2500130
Imprimé en France